GUERRA E CINEMA

GUERRA E CINEMA
LOGÍSTICA DA PERCEPÇÃO

coleção
ESTADO de SÍTIO

PAUL VIRILIO

Copyright © Éditions Cahiers du Cinéma
Copyright desta edição © Boitempo Editorial

Coordenação editorial	Ivana Jinkings e Aluizio Leite
Assistência	Ana Paula Castellani
Tradução	Paulo Roberto Pires
Revisão de tradução	Leila V. B. Gouvêa
Revisão	Mariana Echalar e Daniela Jinkings
Diagramação e tratamento de imagens	Maurício Fahd
Capa	Andrei Polessi
Produção	Marcel Iha
Fotolitos	OESP

CIP-BRASIL. CATALOGAÇÃO-NA-FONTE
SINDICATO NACIONAL DOS EDITORES DE LIVROS, RJ.

V81g

Virilio, Paul, 1932-
    Guerra e cinema : logística da percepção / Paul Virilio ;
tradução de Paulo Roberto Pires. – São Paulo : Boitempo, 2005
    208p. : il. – (Estado de sítio)

    Tradução de: Guerre et cinéma : logistique de la perception

    ISBN 85-7559-076-6

    1. Filmes de guerra – História e crítica. 2. Cinema e guerra.
I. Título. II. Série.

05-3578	CDD 791.435
	CDU 791.43:355.01

Todos os direitos reservados. Nenhuma parte deste livro pode ser utilizada ou reproduzida sem a expressa autorização da editora.

1ª edição: Editora Página Aberta, 1993
2ª edição rev. e ampl.: Boitempo Editorial, novembro de 2005

BOITEMPO EDITORIAL
Jinkings Editores Associados Ltda.
Rua Euclides de Andrade, 27   Perdizes
05030-030   São Paulo   SP
Tel./fax: (11) 3875-7250 / 3872-6869
e-mail: editor@boitempoeditorial.com.br
site: www.boitempoeditorial.com.br

SUMÁRIO

Apresentação 7
Ruy Sardinha Lopes

Prefácio.. 15

A força militar é regida pela aparência 23

O cinema não é eu vejo, mas eu vôo 33

Vós que entrais no inferno das imagens
perdei toda esperança 69

A impostura do imediatismo.................................... 107

O cinema Fern Andra 135

Quem tem prioridade no tempo
tem prioridade no direito 153

Um travelling de oitenta anos.................................... 165

Créditos das imagens 203

Obras do autor 205

APRESENTAÇÃO

Ruy Sardinha Lopes

Apresentado ao publico brasileiro em 1984, através do livro-entrevista *Guerra pura*[1], Paul Virilio tornou-se presença constante entre nós. Analista da então chamada "pós-modernidade", teórico dos movimentos ecológicos e pacifistas, crítico das tecnologias, Virilio tem sido muitas vezes, ao lado de pensadores como Jean Baudrillard, chamado de pessimista ou catastrófico, título este recusado pelo mesmo. Suas análises e *insights*, tendo o mérito de permanecerem atentos a um conjunto restrito de temas da sociedade atual – espaço, tempo, velocidade, guerra, imagem, tecnologias e acidente – não só o afastaram das análises impressionistas e por vezes equivocadas de pensadores como Baudrillard, como colocam-no numa posição privilegiada para a compreensão de uma época em que a exceção se tornou norma, a guerra total e as subjetividades mínimas.

De sua vivência como um *"war-baby"*, menino de guerra (em 1940 e 43 Virilio presenciou a ocupação nazista e os bombardeios dos aliados em Nantes), e de sua formação como urbanista resultou a compreensão da guerra como dimensão originária, mítica, pura, na qual importa mais sua "preparação" constante do que sua realização ocasional. É esta dimensão que dará origem às cidades, verdadeiras máquinas de guerra,

---

[1] *Guerra pura: a militarização do cotidiano* (São Paulo, Brasiliense, 1984).

as quais, por sua vez, levarão a uma mudança na lógica da guerra – a passagem da *tática* para a *estratégia*.

As questões do ordenamento do espaço, da disposição e da transposição do espaço geográfico, da organização da população de um território tornam-se fundamentais ao estrategista militar e ao político-urbanista. Em seu livro *Guerra pura*, podemos ver as conseqüências espaciais e sociais dessa estratégia na sociedade da *guerra total*: crescimento da economia armamentista, disseminação da população no espaço, desurbanização, desaparecimento do lugar e do indivíduo etc.

Se, ao pensar a dimensão mítica da guerra, as questões espaciais saltaram à vista, Virilio reconhece desde cedo a necessidade de se "colonizar o tempo", daí sua preocupação com os meios de deslocamento. O entrecruzamento espaço-tempo levará tanto a uma nova prioridade na lógica da guerra – a *logística* – quanto à percepção da importância da velocidade e das tecnologias para as sociedades contemporâneas. Se, com as guerras de massa, as questões dos suprimentos alimentares, dos transportes e munições, isto é, a logística da guerra, ganhavam relevância, com o desenvolvimento dos novos meios de transporte e das novas tecnologias *atópicas*, a *"localização geográfica parece ter perdido definitivamente seu valor estratégico* e, ao contrário, este mesmo valor é atribuído *à não localização do vetor"*[2].

A adesão à perspectiva dos "não-lugares" e a visão da importância mítica da velocidade – "toda sociedade é fundada numa relação de velocidade. Toda sociedade é dromocrática[3]" – levarão nosso autor, a partir de 1977, a falar da necessidade de uma economia política da velocidade e a empreender um esforço teórico para reler a história do Ocidente, pelo menos a história recente, a partir desse novo ponto de vista.

---

[2] *Velocidade e política* (São Paulo, Estação Liberdade, 1996), p. 124.
[3] *Guerra pura*, cit., p. 49.

Seus estudos de fenomenologia na Sorbonne, com Merleau-Ponty, fizeram-no ver que a velocidade é mais do que a medida do tempo de deslocamento de objetos entre um ponto e outro, mas "uma forma de olhar o mundo, de vê-lo com outros olhos"[4]. A dromologia[5] implica pois uma nova percepção do mundo, uma logística da percepção.

O livro que agora se reedita, *Guerra e cinema*, foi inicialmente lançado em Paris no ano de 1984, tendo como subtítulo *"logística da percepção"*. Se, antes, interessou-lhe o "poder-mover" da logística da guerra, agora sua atenção volta-se para o "poder-comover". Resultado da ação da velocidade sobre os sentidos, o poder dromoscópico rouba do homem o tempo para a reflexão, petrifica o espectador, põe em causa a própria realidade. Eis aí os objetivos da guerra: "A guerra não pode jamais ser separada do espetáculo mágico, porque sua principal finalidade é justamente a produção deste espetáculo: abater o adversário é menos capturá-lo do que cativá-lo, é infligir-lhes, antes da morte, o pavor da morte"[6].

Afirmando não existir "guerra sem representação, nem arma sofisticada sem mistificação psicológica"[7], ou ainda que "a história das batalhas é, antes de mais nada, a história da metamorfose de seus campos de percepção"[8], Virilio nos aponta para o casamento entre arma e olho. É desse casamento que surgirá sua análise do filme de guerra.

---

[4] Nirlando Beirão (edição geral). *América: depoimentos* (São Paulo, Companhia das Letras; Rio de Janeiro, Videofilmes, 1989), p.139.

[5] Virilio inventa o neologismo "dromologia" e seus derivados a partir da palavra grega *dromos*, para expressar a idéia de uma lógica da corrida, de uma sociedade que privilegia a mobilidade, de um equivalente-velocidade.

[6] Ver neste livro, p. 24.

[7] Ibidem, p. 24.

[8] Ibidem, p. 27.

Trata-se menos da apresentação de filmes que contenham cenas de guerras ou batalhas, ou ainda de advogar um possível compromisso do cinema industrial com o fascismo, do que vê-lo como arma de guerra "a partir do momento em que está apto a criar a surpresa técnica ou psicológica"[9], razão pela qual Virilio pode considerar *One from the heart* [O fundo do coração], de Francis Ford Coppola, um filme de guerra.

O fato de Virilio iniciar esse percurso dromoscópico em 1904 é devido a ser este o ano da instalação, em Port Arthur, do primeiro "projetor de guerra", dando início a "guerra de luz" que culminará no clarão nuclear de Hiroshima. Estava aberto pois o caminho que transformaria o campo de batalhas num set cinematográfico. Foi preciso, entretanto, esperar dez anos para que, com o casamento entre a luz e a velocidade do avião, o mundo se deparasse com um novo percepto.

Em seu segundo capítulo, Virilio nos apresenta os termos desse acoplamento: canhões, esquadrilhas de caça, bombardeiros juntam-se a holofotes e às câmeras-metralhadoras, deixando ver aquilo que somente a luz solar tornava visível. Será entretanto a visão aérea – que em 1914 era ainda tributária da noite e das condições climáticas – que permitirá que se escape da visão euclidiana experimentada em terra firme: "É normal, portanto, que o violento rompimento cinemático do *continuum* espacial – deflagrado pela arma aérea – e os fulminantes progressos das tecnologias de guerra tenham literalmente explodido, a partir de 1914, a antiga visão homogênea e engendrado a heterogeneidade dos campos de percepção. A metáfora da explosão é, desde então, correntemente empregada tanto na arte quanto na política. Os cineastas que sobreviveram ao primeiro conflito mundial evoluíram continuamente do campo de batalha para a produção de

---

[9] Ibidem, p. 27.

Apresentação • 11

cinejornais ou de filmes de propaganda e, mais tarde, para os 'filmes de arte'"[10].

A perda da dimensão euclidiana da visão propiciada pela altura e pela velocidade trará duas conseqüências fundamentais. A primeira é a falsificação das distâncias, a fragilidade das aparências, a instabilidade de toda dimensão, uma dislexia da imagem. Mais uma vez, afirmará Virilio: "o cinema é a metáfora dessa nova geometria que dá forma aos objetos, fusão/confusão dos gêneros"[11]. O poder bélico e de comoção desse mundo artificial, não-euclidiano, aparece no capítulo *O cinema Fer Andra*, onde, ao analisar a rivalidade entre o cinema nazista e Hollywood, Virilio mostrará a osmose existente entre guerra e cinema industriais. Como Leni Riefenstahl, Albert Speer e Joseph Goebbels demonstraram, tratou-se menos do poder das armas do que da conquista e manutenção do "coração de um povo" através de cidades cinematográficas, cidades de pura luz, logotipos e gestos estudados. Com a Segunda Guerra Mundial, entramos pois na era das superproduções imagéticas.

A segunda conseqüência é uma espécie de alienação causada pelas "máquinas de visão". Isto é, o surgimento da visão telescópica e dromológica subjugou a visão humana ao aparato técnico. Quer no "isolamento" do piloto de avião em sua cabine pressurizada, quer nos confins de seu entrincheiramento, quer diante do paralisante espetáculo de luzes e sons do set de guerra ou ainda diante de "armas *invisíveis* que tornam visível"[12], a capacidade de percepção e raciocínio deixa de ser substancial para se tornar acidental e perigosa. A conseqüência foi o desenvolvimento das cabines opacas – "que impedem que os pilotos de combate vejam o ambiente porque 'ver pode ser pe-

---

[10] Ibidem, p. 49.
[11] Ibidem, p. 62.
[12] Ibidem, p. 187.

rigoso'"[13] – substituindo-se a acuidade visual pela acuidade tecnológica. Agora, dirá Virilio, "a desintegração da personalidade do guerreiro já se encontra em estado avançado"[14]. Eis, pois, a derradeira conseqüência da transformação da paisagem de guerra em realidade cinemática.

Guerra e cinema nos apresenta assim os passos iniciais de uma mudança de perspectiva, de uma nova forma de ver o mundo que constitui nossa contemporaneidade. As conseqüências éticas, sociais e políticas dessa natureza tecnológica, através daquilo que Virilio denomina epistemo-técnica, serão os alvos dos trabalhos subseqüentes. A compressão espaço-tempo propiciada pelas novas tecnologias, o desenvolvimento de sofisticadas próteses visuais e de meios de rastreamento e detecção, levou ao desenvolvimento da chamada "guerra eletrônica", mudando, mais uma vez, a logística e os termos da percepção contemporânea. Ao se privilegiar as imagens instrumentais fornecidas pelos aparatos tecnológicos, restará ao indivíduo o processamento dessas informações – atividade esta cada vez mais a encargo das máquinas ditas "inteligentes" –, daí a importância do controle cibernético dos conhecimentos e do desenvolvimento de meios sofisticados e seguros de estocagem e transmissão de informações. A imediaticidade requisitada – suprimida a barreira espacial, trata-se de ultrapassar a barreira do tempo – levará Virilio a pensar sobre o "tempo real" e, neste sentido, a imagem-vídeo e a internet talvez nos forneçam mais subsídios para pensar o percepto contemporâneo do que a imagem cinematográfica. Mas, alerta Virilio, nos seus mais recentes trabalhos (*A bomba informática* e *Internet, a política do pior*), não nos iludamos: a bomba informática é mais potente que a bomba atômica e com a internet a tirania tecnocientífica se afirma publicitariamente. Mais uma afirmação polêmica de um pensamento dissonante e radical.

---

[13] Ibidem, p. 161.
[14] Ibidem, p. 192.

GUERRA E CINEMA
Logística da percepção

PREFÁCIO

Este ensaio desenvolve uma abordagem ainda inexistente, ou quase: a da utilização sistemática das técnicas cinematográficas nos conflitos do século XX. Com efeito, depois das necessidades estratégicas e táticas bem conhecidas da cartografia, dos primórdios da fotografia militar durante a guerra de Secessão, enquanto não surgia a atual vídeo-vigilância dos campos de batalha, a Primeira Guerra Mundial viu crescer o uso de seqüências filmadas no reconhecimento aéreo, único método capaz de contribuir com os estados-maiores para uma representação atualizada da batalha, em um terreno constantemente convulsionado pela artilharia, que fazia desaparecer sucessivamente, umas após as outras, as marcas de reconhecimento topográfico necessárias à organização dos combates.

Aparato de mira indireta, completando o das armas de destruição em massa, a presença do visor telescópico da câmera a bordo de aviões prefigura assim uma mutação sintomática da conquista da objetividade, uma desrealização crescente do engajamento militar, em que a imagem se prepara para triunfar sobre o objeto, o tempo sobre o espaço, em uma guerra industrial na qual a representação dos acontecimentos domina a apresentação dos fatos. Situação que levará rapidamente a um conflito entre interpretações estratégicas e políticas, o rádio e depois o radar completando mais tarde esse quadro.

Desenvolvendo dessa forma as premissas de uma verdadeira *logística da percepção militar*, em que o aprovisionamento de imagens se tornará equivalente ao aprovisionamento de munições, a guerra de 1914 inaugurará um novo "sistema de armas", formado pela combinação de um veículo de combate e de uma câmera, sistematização do clássico "veículo *travelling*", que desembocará, após a Segunda Guerra Mundial, no esboço de uma *estratégia da visão global*, graças aos satélites-espiões, aos aviões por controle remoto e aos mísseis-vídeo, mas sobretudo graças ao surgimento de um último tipo de quartel-general, *de uma autoridade central da guerra eletrônica*, capaz de garantir em "tempo real" a gestão das imagens e das informações de um conflito alçado ao nível planetário, como o tal posto de comando *C 3 i* – Controle, Comando, Comunicação, Inteligência – de que dispõem agora todas as grandes potências.

Assim, ao lado do tradicional "serviço cinematográfico dos exércitos", encarregado de garantir a propaganda dirigida às populações civis, existe também um "serviço militar das imagens", capaz de garantir o conjunto das representações táticas e estratégicas dos conflitos, para o soldado, para o piloto de tanque ou de avião de combate, mas sobretudo para o oficial superior responsável pela preparação das forças.

Além da utilização, agora sistemática, dos simuladores na preparação das missões terrestres, navais ou aéreas, observemos ainda que a própria dissuasão nuclear está evoluindo radicalmente com as recentes iniciativas de desarmamento Leste/Oeste. De fato, com a eliminação progressiva das "armas de teatro", foguetes de médio e curto alcance, em favor de mísseis leves e inteligentes (Midgetman, Stinger, Smart-Gun...), assistimos aos sinais prenunciadores de uma nova mutação que verá, provavelmente, esses projéteis desaparecerem e serem substituídos por armamentos de radiação dirigida (laser de potência, canhões de partículas carregadas, armas eletromagnéticas...), que funcionarão à velocidade da luz e terão o apoio de câmeras de alta-resolução dos satélites de teledetecção militar.

Chegando a esse estágio da história, nos próximos anos, a estratégia de dissuasão nuclear cederá lugar, sem dúvida, a uma estratégia de dissuasão baseada na capacidade de ubiqüidade da visão orbital do território adversário, mais ou menos como em um duelo de *western*, em que o poder equivalente das armas importa menos que o reflexo: *o olhar* superará *o disparar*. Enfrentamento ótico, eletro-ótico, cujo o lema será provavelmente: olhar sem parar, não perder de vista é ganhar. Ganhar o *status quo* de um novo equilíbrio de forças baseado não tanto nos explosivos, nos projéteis de resgate, como na potência instantânea dos captadores, dos sensores e dos teledetectores eletrônicos. Assim, como escreveu um dia um filósofo: "O problema de saber qual é o sujeito do Estado, da guerra, será exatamente da mesma natureza que o de saber qual é o sujeito da percepção"[1].

Observemos, no entanto, que essa ubiqüidade de precisão cirúrgica não será mais a de um observador humano ou de um analista militar, mas a de uma "máquina de visão" a bordo de um satélite inteligente, automação da percepção ponto a ponto do território inimigo, capaz de fornecer ao sistema-especializado do satélite uma ajuda para a decisão, para a velocidade de seus circuitos eletrônicos.

Com essa assunção da cibernética, estamos aparentemente muito afastados das origens da cinematografia militar e, no entanto, a inovação de uma *visão sem olhar* é herdeira direta da história da linha de tiro. O ato de mirar é efetivamente uma geometrização do olhar, uma maneira de alinhar tecnicamente a percepção ocular por um eixo imaginário, uma linha ideal que antes era chamada de *linha de fé*. Prefiguração da ótica digital calculada por computador de reconhecimento das formas, essa linha de tiro antecipava a automação perceptiva, donde a refe-

---

[1] Maurice Merleau-Ponty.

rência obrigatória à fé, à crença, para designar o alinhamento ideal do olhar que parte do olho, passa pelo visor, chega à mira e atinge, para além dela, o alvo, o objeto visado. Parece revelador o fato de a linguagem corrente ter abandonado o termo "fé", a ponto de a linha ideal parecer totalmente objetiva, a perda semântica levando *de facto* ao esquecimento dessa parte de subjetividade interpretativa sempre presente no ato de olhar.

Observemos também que se tentássemos escrever a história dessa "linha de força", dessa *fé perceptiva*, ela sofreria um bom número de vicissitudes, em particular depois da invenção da fotografia, no início do século XIX, e da cinematografia, até o surgimento do vídeo e da infografia, e o nascimento da *ótica ativa* da imagem de síntese.

Já no século XVII, a aparição da luneta astronômica havia transformado a visão do mundo, e a "linha de fé" havia sido quebrada, refratada na *ótica passiva* das lentes da luneta de Galileu Galilei. De fato, essa reverberação do olhar esboçava, através do questionamento do geocentrismo cosmogônico, o questionamento da fé perceptiva: a telepercepção ótica antecipando as graves questões filosóficas suscitadas há pouco pela televisão eletro-ótica, enquanto não surgem as da *visiônica*, a ciência da automação da interpretação do real. Assim, ao lado da "máquina de guerra", existe desde sempre *uma máquina de espiar* (ocular, ótica e depois eletro-ótica), capaz de dar aos combatentes, mas sobretudo aos comandantes, uma visão perspectiva da ação militar em curso. Seja ela a torre de espiar das origens, o balão cativo, o avião de reconhecimento ou os satélites de teledetecção, uma mesma função se repete indefinidamente, "a função do olho é a função da alma". Qualquer que seja a extensão do campo de batalha, é preciso dispor o mais rapidamente possível da representação do dispositivo adversário, da imagem de suas forças e de suas reservas. O ver e o prever tendem então a se confundir a ponto de não mais se discernir o atual do virtual, as ações militares situando-se, conforme o jargão dos estados-maiores, *para além do alcance ótico*, as visões radioelétricas suprindo, em tempo real, as visões óticas falhas.

Outra inovação recente, para além da termografia a infravermelho, é a da televisão *com baixo nível de luminosidade*. Com a câmera munida de um intensificador de luz, dispomos, por exemplo, de um aparelho que não se contenta mais em registrar as visões, mas que, além disso, aumenta a luminosidade ambiente: a câmera se comporta, em relação aos fótons, como um acelerador de partículas. Como um farol que penetra nas trevas, a televisão com baixo nível de luz torna a escuridão transparente, dando aos adversários a imagem do que a noite não esconde mais... Assim, ao lado da câmera térmica e das imagens produzidas por radar, desenvolve-se um novo foco, uma fonte de luz indireta que tende a suprir a luz elétrica. *Luz eletro-ótica*, fruto das tecnologias mais recentes destinadas ao exército, mas igualmente à polícia; esse tipo de câmera vem sendo utilizada em jogos noturnos, na saída dos estádios.

Assim, ao lado da inovação industrial das armas de repetição e das armas automáticas, existe ainda a inovação das *imagens de repetição,* cujo auge foi o fotograma. O sinal de vídeo completa posteriormente o clássico sinal de rádio, e o videograma vem prolongar essa "cinematografia", oferecendo ainda a possibilidade de uma televigilância em tempo real do adversário, tanto de dia como de noite.

"Se eu quisesse resumir em uma frase a discussão atual sobre os mísseis de precisão e as armas de saturação", explicava W. J. Perry, ex-secretário de Defesa do Estado norte-americano, "eu diria: a partir do momento em que vocês podem ver o alvo, vocês podem esperar destrui-lo".

Essa citação traduz perfeitamente a nova situação geoestratégica e explica, em parte, as razões de um certo desarmamento: de fato, *se o que é percebido já está perdido*, é preciso investir inicialmente na construção das forças, daí a geração espontânea de satélites STEALTH, armas "discretas", veículos "furtivos", pesquisa e desenvolvimento dos aparelhos "invisíveis" (das contramedidas eletrônicas), ocupando a partir daí um lugar preponderante no complexo industrial-militar, mas um lugar também *discreto*, com a censura sobre as tecnologias superando em muito o que foi anteriormente o segredo militar, na época da invenção da bomba atômica, por exemplo.

A inversão do princípio de dissuasão é manifesta: ao contrário dos armamentos que devem imperativamente ser conhecidos para ser dissuasivos, os equipamentos furtivos só funcionam mediante a incerteza, o ocultamento de sua existência. Incerteza que introduz um perturbador enigma no jogo dos blocos militares e progressivamente coloca em questão a própria natureza da dissuasão nuclear, em favor de uma "iniciativa de defesa estratégica" que repousa menos, como afirma o presidente Reagan, na ocupação do espaço com novos armamentos do que no princípio da indeterminação, o enigma de um sistema de armas cuja credibilidade não está mais garantida do que a visibilidade.

Compreende-se melhor agora a importância decisiva dessa "logística da percepção" e o segredo que a cerca. Guerra das imagens e dos sons que substitui a guerra dos objetos (projéteis, vetores explosivos mais ou menos devastadores...) em benefício de uma vontade de iluminação generalizada, capaz de tudo oferecer à vista, ao saber, a cada instante, em qualquer lugar, versão técnica do olho de Deus que vetaria para sempre o acidente, a surpresa.

Esta primeira obra tenta indicar as origens recentes desse projeto, as vicissitudes de seu desenvolvimento. Um segundo livro precisará mais tarde os desdobramentos mais recentes.

Paul Virilio

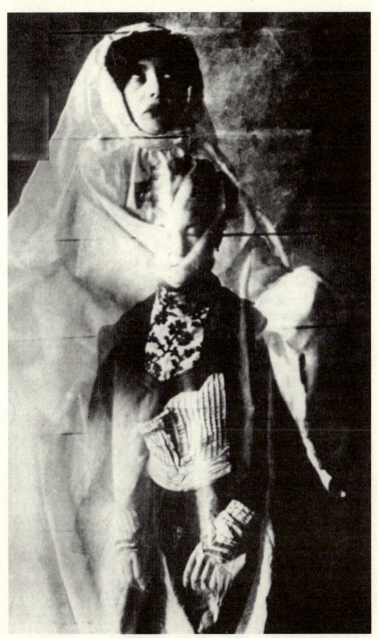
1. Fotografia espírita obtida através de superposição. Anônimo. Final do século XIX.

A FORÇA MILITAR É REGIDA PELA APARÊNCIA*

A partir do momento em que os combatentes clandestinos – irlandeses ou bascos, membros da Ação Direta ou das Brigadas Vermelhas – utilizam o atentado, o assassinato, a tortura com fins publicitários, alimentando a mídia com fotografias de suas vítimas expiatórias, o ato de guerra interna retorna às suas origens psicotrópicas, ao feitiço, ao espetáculo fascinante da imolação e da agonia, apanágios das antigas religiões e das cerimônias tribais. O terrorismo lembra-nos insidiosamente que a guerra é um sintoma delirante que funciona na meia-luz do transe, da droga, do sangue, da unanimidade que identifica em seu próprio corpo-a-corpo aliados e inimigos, vítimas e algozes. Não mais o corpo-a-corpo do desejo homossexual, mas a homogeneidade antagonista do desejo de morte, perversão do direito de viver em direito de morrer[1]. "Na guerra", escreve o general F. Gambiez, "sugestões e alucinações se multiplicam... a investigação dos fatores psicológicos (depressivos ou tônicos) contribui para restituir às batalhas a sua verdadeira fisionomia."

Desde a Antiguidade, a instituição militar realizou suas revoluções técnicas e científicas levando em conta os mais diver-

---

* Sun Tzu

[1] Paul Virilio, *Défense populaire et luttes écologiques* (Éditions Galilée, 1978).

sos fatores, mas nem por isso rompeu com o modelo pré-científico, esse estágio em que a guerra deixa de ser uma simples ciência do acidente.

A guerra não pode jamais ser separada do espetáculo mágico, porque sua principal finalidade é justamente a produção deste espetáculo: abater o adversário é menos capturá-lo do que cativá-lo, é infligir-lhes, antes da morte, o pavor da morte. Para cada episódio decisivo da história das batalhas existe um homem para lembrá-lo, de Maquiavel a Vauban, de von Moltke a Churchill: "A força das armas não é uma força brutal, mas uma força espiritual"[2].

Não existe guerra, portanto, sem representação, nem arma sofisticada sem mistificação psicológica, pois, além de instrumentos de destruição, as armas são também instrumentos de percepção, ou seja, estimuladores que provocam fenômenos químicos e neurológicos sobre os órgãos do sentido e o sistema nervoso central, afetando as reações, a própria identificação dos objetos percebidos, sua diferenciação em relação aos demais etc. Um exemplo bem conhecido é o do Stuka ou Junker 87, o bombardeiro alemão que durante a Segunda Guerra Mundial se lançava a pique contra seus alvos emitindo um uivo dilacerante de sirene. Os ataques obtinham sucesso total, aterrorizando e paralisando os adversários até que estes se habituaram ao ruído.

Sob esse aspecto, as primeiras bombas lançadas nos dias 6 e 9 de agosto de 1945 sobre Hiroshima e Nagasaki reuniam as condições ideais: uma grande eficácia mecânica, uma surpresa técnica completa, mas, sobretudo, uma surpresa moral que tornavam obsoletos os antigos bombardeios estratégicos contra grandes cidades orientais ou européias, os trabalhosos *carpet-bombings,* com sua lentidão e peso logístico.

---

[2] Ortega y Gasset, em uma epígrafe do jornal de extrema direita chileno *Orden Nuevo.*

A força militar é regida pela aparência • 25

Demonstrando que não estavam dispostos a recuar diante da dimensão de um holocausto civil, os norte-americanos provocaram no espírito do adversário essa *explosão da informação* que para Einstein, no final de sua vida, parecia tão terrível quanto a explosão atômica em si[3]. Já se tratava do princípio da dissuasão.

O termo *credibilidade,* tão freqüentemente empregado em relação às armas nucleares, esclarece de forma implícita a natureza real do equilíbrio do terror: assimilado como um "dom de Deus" pelos norte-americanos, assemelha-se mais a um dogma do que a qualquer teoria estratégica[4]. Como declarou o marechal Gretchko, ministro da Defesa de Brejnev: "O desenvolvimento contínuo de nossas forças armadas é uma *necessidade objetiva* para a construção do socialismo e do comunismo..." Em outras palavras, mesmo quando não empregados, os armamentos são elementos ativos na conquista ideológica.

Ainda assim, essa *fé nuclear* começa a vacilar e já encontra seus primeiros hereges. Alguns generais afirmam hoje que, antes de mais nada, "um conflito nuclear não seria o fim do mundo", reproduzindo, vinte anos depois, a afirmação do general Buck Turgidson, personagem principal do *Dr. Strangelove* [*Dr. Fantástido*], de Stanley Kubrick: "Senhor presidente, eu não diria que nós não ficaremos chamuscados, mas acredito que isso provocará apenas dez ou, dependendo do impacto, vinte milhões de baixas". O equilíbrio do terror oscila porque, todo o mundo, ou quase todo, possuindo a bomba; a familiaridade com a gesticulação nuclear se torna ilusão de um novo saber. Ilustrando, no plano da percepção, a divisa de Lord Mountbatten – "quando funciona, está ultrapassado" –, uma "nova Hiroshima" não passaria hoje de um lamentável *remake,* de uma "explosão de

---

[3] Entrevistas de Einstein para o Abbé Pierre.

[4] Paul Virilio, *L'Evangile nucléaire* (Éditions Stock, 1976, cap. "L'insécurité du territoire"), p. 115.

bombinhas que seria medida em quilotons!", como gracejam os especialistas militares. O presidente Reagan compreendeu perfeitamente o novo contexto e reabriu o debate em um discurso de 23 de março de 1983, quando expôs seu projeto de um sistema balístico atmosférico de defesa antimíssil baseado em laser e espelhos..., para o ano 2000. A maioria dos especialistas consultados referiu-se imediatamente a *Guerra nas Estrelas* e ao cinema de ficção científica, ainda que por trás do espetáculo necessário se delineie um programa bem concreto, no qual o Pentágono gastaria em torno de um bilhão de dólares por ano. A mesma estratégia é empregada na estocagem de armamentos, que, sem dúvida, jamais serão utilizados. Considerada insensata pelos profanos, a operação não é nenhuma aberração sob o ponto de vista militar: sua magia consiste exatamente na falta de uma justificativa que não seja a enumeração pública do potencial bélico. Já que, segundo J. P. Goebbels, *a grandeza única de uma operação militar consiste no que ela tem de monstruoso*, é exatamente a desproporção dos números anunciados (relação de número de megatons por habitante etc.) que tenta atenuar a familiaridade das populações envolvidas e atiçar sua fé nuclear. É certo que, para criar o terror, os militares dos dois campos deverão fazer bem mais do que os quarenta milhões de mortos da Segunda Guerra Mundial. Eis porque o presidente Carter, de certo modo prolongando o último discurso de Eisenhower – que em 1961 denunciava o complexo militar-industrial –, declarou em sua mensagem de despedida à nação:

> Não é talvez mais do que uma questão de tempo para que a loucura, o desespero, a cobiça ou os erros de avaliação liberem essa força terrível. Uma guerra nuclear mundial liberaria um poder destruidor superior ao que foi desencadeado durante toda a Segunda Guerra Mundial, e isto a *cada segundo* da longa tarde que seria necessária para o lançamento de todos os mísseis e de

todas as bombas. *A cada segundo aconteceria uma Segunda Guerra Mundial* e as primeiras horas desse conflito fariam mais mortos do que todas as guerras da História.

Trata-se de uma corrida armamentista em que a doutrina de produção e seus delírios têm progressivamente substituído a doutrina da utilidade militar no campo de batalha, pois agora – como na guerra das Malvinas, em 1982 – a surpresa se destina aos dois adversários simultaneamente, já que não parte mais de políticos, de comandos militares ou do exército, mas da técnica. A batalha não é mais do que a autonomia, a automação da máquina de guerra, de suas armas inteligentes, quase impossíveis de detectar: míssil Exocet, bomba Beluga, torpedo Tigerfish, *Raygum Project,* projeto de ataque nuclear instantâneo em estudo pelo Pentágono, máquina do juízo final...

Dos primeiros mísseis da Segunda Guerra Mundial até a bomba de Hiroshima, a *arma de teatro* substituiu o *teatro de operações* e, ainda que fora de moda, o termo *arma de teatro,* empregado pelos militares, revela que *a história das batalhas é, antes de mais nada, a história da metamorfose de seus campos de percepção.* Ou seja, a guerra consiste menos em obter vitórias "materiais" (territoriais, econômicas...) do que em apropriar-se da "imaterialidade" dos campos de percepção. Na medida em que os modernos combatentes se decidiram a invadir a totalidade desses campos, impôs-se a idéia de que o verdadeiro *filme de guerra* não deveria necessariamente mostrar cenas de guerra ou de batalhas, uma vez que o cinema entra para a categoria das armas a partir do momento em que está apto a criar a surpresa técnica ou psicológica.

Não foi por mero acaso que os filmes em cores se multiplicaram durante a Segunda Guerra Mundial. Na Alemanha, a produção de filmes coloridos foi uma conseqüência direta de atos de pirataria logística. No início do conflito, Josef Goebbels – que era ao mesmo tempo ministro da Propaganda e "patrono" do cinema alemão – proibiu a projeção do primeiro filme em Agfacolor, *Frauen sind doch bessere Diplomaten* [*A bela diplomata*], com Marika Rökk, porque considerou suas cores abomináveis e sinistras. Goebbels havia assistido aos filmes norte-americanos mais recentes, apreendidos em barcos aliados pela marinha alemã, em especial *E o vento levou*. Comparada ao Technicolor americano, a técnica alemã era, para Goebbels, *uma vergonha*. Pouco depois, e graças sobretudo a Eduard Schönicke, um dos diretores da célebre empresa IG-Farben, o Agfacolor foi aperfeiçoado e, em 1942, Veit Harlan, diretor de *Jud Süss* [*O judeu Süss*], pôde realizar *Die goldene Stadt* [*A cidade dourada*], filme que se tornaria um grande sucesso na Europa ocupada. Em 1943, por ocasião do décimo aniversário do cinema hitlerista e do 25º ano de fundação da Universum-Film Aktiengesellschaft (UFA), o cineasta J. von Baky apresentou solenemente *Münchhausen - die fantastischen Abentever des unsterblichen Lügenbarons* [*As aventuras do barão de Münchhausen*], um filme de alto custo rodado em Agfacolor e dotado de efeitos especiais muito bem-sucedidos para a época.

Foi ainda graças a um ato de guerra que S. M. Eisenstein pôde dirigir uma longa seqüência em cores de seu *Ivan Grozny* [*Ivã, o Terrível*], realizado com película Agfacolor capturada do inimigo. Lembremos que a UFA foi fundada em 1917, durante o primeiro conflito mundial, e que no ano seguinte já se tornaria o principal complexo de produção, distribuição e comercialização da Alemanha em guerra. Beneficiando-se de subsídios do Estado, desde sua fundação a UFA sempre foi dependente do grande capital, e sobretudo dos Krupp, conseqüentemente da *indústria bélica*.

Em plena guerra total, tirar o cinema alemão do preto-e-branco pareceu a Goebbels, e ao próprio Hitler, um fator estimulante que poderia rivalizar com o vigor da produção norte-americana. A guerra, em suma, viria justificar a observação de Goethe, que anotou em sua teoria das cores:

As cores têm uma estranha duplicidade e, se me é permitido assim dizer, possuem uma espécie de duplo hermafroditismo, uma maneira singular de atrair-se, associar-se, misturar-se, neutralizar-se, anular-se etc. *Elas provocam, além disso, efeitos psicológicos, patológicos e estéticos que permanecem espantosos...*

Conversando certa vez com minha mulher sobre essa poderosa faculdade mimética do cinema norte-americano, ela me disse que o que lhe pareceu mais insuportável na chegada das tropas nazistas à França foi, primeiro, a sensação de se afastar dos Estados Unidos, pois, de uma só vez, desapareceram as revistas, os jornais e, sobretudo, os filmes norte-americanos. Em seu universo de criança, esse cinema era, de certa maneira, um *luxo da percepção* (Bergson) absolutamente distinto de outros tipos de espetáculo e diversão, um luxo abstrato, semanal, do qual lhe parecia muito penoso se privar. Isso foi muito bem compreendido pelos dirigentes alemães: desde o início das hostilidades, atores e diretores foram submetidos a um "regime militar", em que qualquer falta ao trabalho nos estúdios era considerada um ato de deserção e, enquanto tal, passível de punição. Goebbels mantinha, aliás, uma relação de desprezo com os profissionais de cinema, muitos deles pouco convictos da causa nazista, alguns comunistas e outros judeus ou casados com mulheres judias, os quais teriam um fim trágico... Hans Meyer-Hanno, Joachim Gottschalk, Fritz Kühne, eletricista-chefe da UFA, e sua esposa Loni, que em 1944 preferiram suicidar-se para evitar a separação iminente que viria com a deportação da jovem judia[5].

Dispondo de tais meios coercitivos, a Alemanha continuou a produzir, até o fim da guerra, filmes bastante caros. Quando,

---

[5] Veit Harlan, *Le cinéma allemand selon Goebbels* (Éditions France-Empire, 1974).

nas cidades bombardeadas, as salas de cinema estavam reduzidas a ruínas, exibiam-se os filmes nos últimos redutos nazistas. Este foi o caso de *Kolberg*, rodado em 1943/44 com recursos ilimitados – o filme custou oito milhões e meio de marcos, oito vezes mais do que o orçamento normal de uma produção de qualidade –, que só viria a ser exibido pela primeira vez no dia 30 de janeiro de 1945, na fortaleza atlântica de La Rochelle, na França, ainda sob domínio alemão.

Convém deter-se um pouco mais nas circunstâncias extraordinárias da realização de *Kolberg*. Em plena derrota militar, Goebbels queria fazer desse filme "o maior de todos os tempos, uma epopéia que ultrapasse, por seu fausto, as mais suntuosas produções norte-americanas..."[6]. Uma vez mais, cedia à obsessão por esse arsenal de percepção norte-americano, do qual podia conseguir facilmente elementos mais ou menos esparsos em revistas, jornais ou filmes... pois não se deve esquecer que, além dos agentes secretos e dos viajantes credenciados, dos correios diplomático e de prisioneiros de guerra, da imprensa internacional etc., continuavam a circular, mais ou menos discretamente, de um lado para outro, graças às linhas aéreas "toleradas" – vôos *rotineiros* entre Londres, Lisboa, Estocolmo, a Suíça –, preciosas fontes de informação para os beligerantes, cujos aviões de carreira, aliados ou alemães, podiam ser vistos, lado a lado, nos aeroportos dos países neutros.

Nos Estados Unidos, a produção cinematográfica era acompanhada atentamente pelo Alto Comando militar, quando o próprio Pentágono não se tornava diretamente produtor e distribuidor de filmes de propaganda. Carreiras ambíguas, lá também, de pessoas como John Huston e Anton Litvak... ou inesperadas, com Luiz Buñuel rodando documentários em 1942 para o exército norte-americano, enquanto Frank Capra passava das

---

[6] Ibidem.

A força militar é regida pela aparência • 31

sátiras realizadas no período entre-guerras (principalmente em colaboração com Harry Langdon) pesados monumentos didáticos, como *Why we fight* [*Por que nós combatemos*], (1942/45), ou, mais simplesmente, as coreografias e canções de Fred Astaire, convites disfarçados a uma nova mobilização.

A própria agressividade das cores desses filmes, por muito tempo considerados de "mau gosto" pelos europeus e principalmente pelos franceses, fez deles uma verdadeira pintura *de guerra*, incumbida de reativar os espectadores, arrancá-los da apatia diante da desgraça ou do perigo iminente, dessa desmoralização das massas tão temida pelos comandantes militares e pelos chefes de Estado. Nos Estados Unidos, a magia das armas renova diretamente a magia do mercado: nos anos 1930, guerra econômica com o *New Deal* e, mais tarde, guerra total até *Blue Skies* [*Romance inacabado*](1946), quando, logo após Hiroshima, Fred Astaire canta um céu tão luminoso quanto nublado, céu *technicolor* tão difundido durante o conflito, refletor longínquo da melancolia inexprimível daqueles que enfim sobreviveram ao luto, às ruínas e em meio às ruínas. Por volta de 1950, com a Guerra Fria e, mais tarde, com os conflitos da Coréia e do Vietnã, a política de Roosevelt foi definitivamente abandonada e a velha produção de propaganda (principalmente no estilo de *Why we fight)* é retirada de circulação. A alegria convalescente do imediato pós-guerra se apaga progressivamente e, com a desmobilização das massas, então na ordem do dia, desaparece a grande comédia musical americana, privada pela dissuasão nuclear de suas aspirações generosas, de suas necessidades militares e políticas[7].

Segundo Napoleão, a *aptidão para a guerra é aptidão para o movimento*. No século XIX, o desenvolvimento da psicologia

---

[7] Durante os anos 1950, novas surpresas técnicas estavam em pesquisa: cinemascope, cinerama, terceira dimensão vista através dos óculos polaroid.

militar coincide exatamente com o desenvolvimento da psicologia experimental e da fisiologia: E. J. Marey, médico fisiologista e discípulo de Claude Bernard, coloca a cronofotografia – da qual foi um dos inventores – a serviço da pesquisa militar sobre o movimento... O *charme* persistente de Fred Astaire está, sem dúvida, nesta fusão/confusão insuspeitada entre a "ciência" e a dança: já pude demonstrar o quanto seu *smoking* debruado com finas faixas brilhantes e suas coreografias – que quase sempre exaltam o andar ou os gestos mais banais do cotidiano – lembram o "desvio" do olhar presente nas experiências de Marey. A brancura dos pássaros ou dos cavalos, as faixas prateadas sobre as roupas negras das pessoas que participavam de suas experiências faziam os corpos desaparecerem em proveito de uma mixagem instantânea de dados que oscila entre a produção de impressões luminosas persistentes e essa pura fascinação que destrói a percepção consciente do espectador e o conduz à hipnose, ou a alguma outra condição patológica análoga[8].

É normal, portanto, que, pirateado no videocassete e absorvido em altas doses, o sapateado dos anos 1930, 1940 ou 1950 ainda impressione. A superexposição do espectador a essas imagens plenas de idéias e segundas intenções continua a ser um dos remédios mais eficazes contra a escuridão.

8 de fevereiro de 1991

---

[8] A. Huxley, *L'art de voir* (Éditions Payot).

O CINEMA NÃO É EU VEJO, MAS EU VÔO*

Observando o funcionamento das pás que impulsionavam o navio em que viajava, o futuro coronel Gatling teve a idéia de criar, em 1861, a metralhadora com tambor cilíndrico movida a manivela. Em 1874, o francês Jules Janssen se inspiraria na pistola de tambor (patenteada em 1832) para criar seu revólver astronômico, capaz de tirar fotografias em série. Servindo-se dessa idéia, Étienne-Jules Marey aperfeiçoou o fuzil cronofotográfico, que permitia focalizar e fotografar um objeto em deslocamento no espaço.

Graças às informações transmitidas pelo *Entreprenant,* o primeiro balão de observação a sobrevoar um campo de batalha, o general Jourdan conseguiu a vitória de Fleurus em 1794. Em 1858, Nadar obteve suas primeiras fotografias aerostáticas. Durante a guerra civil norte-americana, as forças da União utilizaram balões equipados com um telégrafo cartográfico aéreo. Logo, os militares lançariam mão das mais variadas combinações: pipas equipadas com câmeras, pombos carregando pequenas máquinas fotográficas, balões com câmeras, precedendo assim ao uso intensivo da cronofotografia e do cinema em aviões de reconhecimento (milhões de fotografias foram tiradas durante o primeiro conflito mundial...). Em 1967, a Força Aérea norte-americana utilizou vôos não pilotados para sobrevoar o

---

* Paráfrase de Nam June Paik

34 • Guerra e cinema

Laos e transmitir informações aos centros da IBM instalados na Tailândia e no Vietnam do Sul. A partir de então, *não mais existe visão direta:* no intervalo de 150 anos, o campo de tiro transformou-se em campo de filmagem, o campo de batalha tornou-se uma locação de cinema fora do alcance dos civis.

Durante o primeiro conflito mundial, D. W. Griffith foi o único cineasta norte-americano autorizado a ir ao front, a fim de rodar um filme de propaganda para os aliados. Filho de um ex-combatente da Guerra da Secessão e antigo profissional de teatro, Griffith filmou nos Estados Unidos as cenas de batalha de *The birth of Nation* [*Nascimento de uma Nação*] no momento em que na Europa estourava uma guerra real (verão de 1914). Neste filme, o campo de batalha é visto em um plano geral feito a partir de uma colina, estando a câmera colocada na mesma posição de Pierre Bezoukhov, o herói de *Guerra e pace* [*Guerra e paz*], de King Vidor e Mario Soldati (1955), como se o cineasta contemplasse os combates de Borodino, sofrendo todos os riscos da visão direta. Na verdade, Griffith filma "sua guerra" menos como um pintor de epopéia do que como os diretores de cena, que anotam com minúcia extrema o mínimo movimento a ser executado no palco do teatro. Karl Brown relata:

> Nós conhecíamos a localização de cada canhão. Cada movimento de cada grupo na multidão. Eu falo em grupos porque cada um deles estava sob o comando de um subdiretor, escalado entre os inúmeros assistentes de Griffith: Victor Fleming, Joseph Henabery, Donald Crisp.[1]

O conjunto da ação era organizado não por meio um megafone, pois ninguém conseguiria ouvir as ordens no meio

---

[1] *Hollywood – les pionniers* (Éditions Calmann-Lévy, 1981). Obra insubstituível de Kevin Brownlow e John Kobal, principalmente pelas fotografias. Muitas passagens aqui comentadas são extraídas desse livro.

O cinema não é eu vejo, mas eu vôo • 35

das explosões e dos tiros de festim, mas por meio de uma série de bandeiras coloridas, como nas operações navais, que quando combinadas determinavam o movimento a ser realizado. Hoje, com exceção das cenas de multidão, qualquer cineasta amador poderia reproduzir as condições dessa filmagem, pois, como escreve Kevin Brownlow[2], ele teria à sua disposição recursos infinitamente maiores do que Griffith e seu fiel operador Billy Bitzer, que não dispunham de fotômetros, nem de *zoom*, nem de câmeras aceleradas, mas somente de uma câmera de madeira Pathé movida a manivela. Sem dispor tampouco de equipamentos de iluminação, Bitzer utilizava-se unicamente de espelhos para redirecionar a luz do sol. Apesar da precariedade, os resultados obtidos são extraordinários. No final do século XIX, Billy Bitzer havia filmado o que chamava de "demonstrações de movimentos" – pequenos filmes inspirados no trabalho dos irmãos Lumière e exibidos em salas de *music-hall* – e tinha viajado a Cuba em plena guerra hispano-americana, enviado pela American Mutoscope Company.

Ainda que, em 1898, Bitzer tenha realizado experiências fixando sua câmera Mutograph no pára-choque de uma locomotiva em alta velocidade, o cinema que ele fez com Griffith ainda era semelhante ao do Salão Indiano, onde se projeta *A chegada de um trem na estação de Ciotat: ele observa o movimento do exterior,* de maneira sedentária, ele é, acima de tudo, um olhar sobre o que se move. A câmera reproduz as circunstâncias da visão comum, ela é a testemunha homogênea da ação e, ainda que as imagens impliquem um retardamento, sua força consiste em dar ao espectador uma ilusão de proximidade em um conjunto temporal coerente. Convém lembrar que muitos cineastas, para evitar ao máximo os cortes no processo de montagem, organizavam seus filmes, do começo ao fim, através de um ensaio de

---

[2] Ibidem.

continuidade, cronometrando cada cena para que fosse conhecida antecipadamente a duração aproximada do filme. Este método, freqüente na Alemanha dos anos 1920, influenciou nomes como Carl Dreyer, que se esforçariam em criar uma unidade de tempo *artificial* graças a uma unidade de espaço *real,* ilustrando assim a reflexão de Walter Benjamin sobre o cinema como uma obra de arte "cuja percepção se dá coletivamente, assim como ocorreu desde sempre com a arquitetura"[3]. É esta característica da arquitetura que marcará o cinema no início do século XX, principalmente na Europa. A luz do cinema não se opõe à opacidade do material arquitetônico (da câmara escura); ela é apenas, como a eletricidade, um padrão técnico surpreendente por sua duração, pela produção de um *novo dia.* A arquitetura resiste ao niilismo da objetiva assim como, cinco séculos atrás, as muralhas da antiga fortaleza resistiram à cinemática da artilharia antes de desaparecerem, destruídas pelo impressionante progresso de seu poder de projeção.

No fim do século XIX, Oskar Messter transformou o quarto onde morava em uma câmara escura. Na falta de uma câmera, Messter abriu um minúsculo orifício na parede ao lado da rua e utilizava o mecanismo de seu projetor para imprimir em película virgem. Suas experiências precedem os teóricos do *Kammerspiel* que, assim como Lupu Pick, pensavam que a *pressão insuportável do tempo e do lugar* pudesse substituir a psicologia dos atores. Em 1925, Dreyer roda *Du skal aere din hustru* [*O dono da casa*] no espaço mais exíguo possível, um alojamento de dois quartos, reconstituído em estúdio em seus mínimos detalhes; dois anos depois filmaria *La passion de Jeanne d'Arc* [*A paixão de Joana d'Arc*] em um único cenário, verdadeira arquitetura compacta erguida às portas de Paris, com o

---

[3] Walter Benjamin, "A obra de arte na era de sua reprodutibilidade técnica", em *Obras Escolhidas* (São Paulo, Brasiliense, 1985). (N. T.)

plano das filmagens coincidindo cronologicamente com o desenrolar do processo real. Pode-se pensar aqui na célebre *Black Maria*, de Edison, essa outra *camera obscura* que serviu ao mesmo tempo como estúdio e sala de projeção, capaz de girar sobre seu próprio eixo para captar, através de seus flancos abertos, o máximo de luz solar.

A exposição a uma lógica cronológica substitui insidiosamente a lentidão da antiga pose fotográfica; a arquitetura do cenário com seus volumes, com suas divisórias separando o espaço, é substituída pelas seqüências livres da montagem e cria a elipse da narrativa. Um pouco como minha neta – que, ao se deslocar pelos cômodos do apartamento e ver o sol brilhar em cada janela, acredita que existam muitos sóis –, o cinema é o advento de um ciclo da luz independente e ainda desconhecido. Se para a fotografia é tão penoso mover-se, é sobretudo porque a operação de movimentar o tempo cinemático, perceber sua velocidade original em um ambiente antigo, imóvel e rigidamente ordenado, foi, para os pioneiros, uma tarefa tão fascinante quanto difícil de inventar[4].

No século XVIII, quando o engenheiro Joseph Cugnot inventa a tração automóvel, ele a demonstra lançando um veículo militar contra um muro, que é destruído. Curiosamente, um século depois, os irmãos Lumière iriam demonstrar a *automobilidade cinemática* exibindo um filme intitulado *Demolição de uma parede:* em um primeiro momento, a parede desaba em meio a uma nuvem de poeira; em seguida a cena é projetada ao contrário e o muro se reconstitui, inaugurando

---

[4] É conhecida a reflexão de Walter Benjamin sobre um relógio em funcionamento cuja presença em um palco de teatro seria inconcebível, enquanto no cinema pode intervir utilmente na ação. Benjamin vê aí uma reciprocidade de atuação entre o objeto e o homem que pode servir eficazmente a um pensamento materialista. Hoje vemos que tal consideração é mais uma prova de independência do tempo cinemático.

38 • Guerra e cinema

assim a trucagem cinematográfica. Méliès também gostava de repetir esse ritual de destruição acidental, bastando lembrar o episódio de *Voyage à travers l'impossible,* rodado em 1904, em que o *automaboulof* dos sábios do Instituto de Geografia Incoerente renova a experiência de Cugnot, destruindo a parede de um albergue; o plano seguinte mostra o interior do local, onde os clientes jantam tranqüilamente e são surpreendidos pelo desabamento que ocorre logo em seguida, como se a parede tivesse retido o tempo cinemático. Desde então, os cineastas não se preocuparam mais em passar de um plano a outro, fazendo seus atores atravessarem paredes, abrirem portas dentro de casas sem fachada, nas quais as divisórias do cenário aparecem de perfil para os espectadores, tão finas quanto os interstícios que separam os fotogramas da película.

Ao adotar esses procedimentos, os cineastas se mostravam pouco conscientes dos deslocamentos do tempo cinemático, negligenciando o fato de que, mesmo em uma arquitetura restrita, tudo não passa de um problema de velocidade. O motor-câmera funciona contendo suas energias potenciais, como os colegiais de Pagnol que, para "aumentar" seu pequeno pátio de recreio, evitavam correr.

***

No final da Primeira Guerra Mundial, quando Griffith chegou ao front francês para rodar seu filme de propaganda, a fase arcaica da guerra já terminara havia muito tempo, desde 1914, com a batalha de Marne, derradeiro combate romântico. Griffith encontrou um conflito que se tornara estático, no qual a ação principal consistia em milhões de homens fixarem-se nos territórios, camuflando-se durante meses – até mesmo anos, como em Verdun – em meio à proliferação impressionante de cemitérios e de valas comuns. Cineasta dos antigos combates, Griffith viu-se bruscamente na incapacidade de dimensionar os acontecimentos que agora refletiam o desenvolvimento fulminante de novas técnicas e ciências, as quais enfatizavam mais os meios do que os fins e lhe eram quase que totalmente desconhecidas.

A olho nu, o imenso campo de batalha que ele tinha diante de si aparentemente não era formado por nada, nem por árvores, nem por vegetação, nem por água, nem sequer por terra. Entre as trincheiras e as tripas dos alemães e dos aliados, separadas por apenas sessenta ou oitenta metros, não se viam mais os combates corpo-a-corpo nem a dupla homicida-suicida. O famoso *slogan* "ninguém passa" assume um outro sentido, já que ninguém efetivamente se desloca em direção alguma. Vários ex-combatentes de 1914 me disseram que, se mataram inimigos, pelo menos nunca viram em quem atiraram, porque a partir dessa guerra outros eram encarregados de olhar por eles. Essa região abstrata, que Apollinaire descreveu com precisão como o lugar de um desejo cego e sem direção, os soldados a reconheciam apenas pela trajetória de seus tiros ("Meu desejo está ali, em quem atiro..."[5]), tensão telescópica na direção de uma aproximação imaginária, uma *formalização* do aliado/adversário, desaparecido antes mesmo de sua provável fragmentação.

Na imprevisível defasagem da visão indireta, o soldado tem menos a sensação de ser destruído do que de ser *desrealizado,* desmaterializado, de perder bruscamente todo o referencial sensível em benefício de uma exacerbação dos sinais visíveis. Estando constantemente sob vigilância do adversário, o soldado torna-se como o ator de cinema do qual fala Pirandello, exilado da cena e também de si próprio, contentando-se em atuar diante da pequena máquina que, por sua vez, atuará diante de um público projetando sua sombra: "indefinível vazio, sensação de falência, em que o corpo se torna sutilizado, suprimido, privado de realidade, de sua vida, de sua voz, do ruído que produz ao se movi-

---

[5] Guillaume Apollinaire, *Tendre comme le souvenir* (Éditions Gallimard).

40 • Guerra e cinema

mentar, para se tornar somente uma imagem muda que treme por um momento na tela e desaparece em silêncio..."[6].

Se a nitrocelulose utilizada na fabricação de filmes virgens também é empregada na fabricação de explosivos, a divisa da artilharia – *o que é iluminado é revelado* – não seria a mesma do cinegrafista? Já em 1º de outubro de 1914, a artilharia antiaérea acoplava holofotes aos canhões. Em 1918, além das onze esquadrilhas de caça, a defesa do território britânico conta, por exemplo, com 284 canhões e 377 holofotes que varrem o céu. Em 9 de janeiro de 1915, quando o Kaiser ordena os primeiros ataques aéreos sobre Londres e seus bairros industriais, o DCA britânico produz filmes notáveis dos bombardeios noturnos realizados pelos Zeppelins alemães.

Pode-se avaliar aqui o impressionante atraso da cinemática civil, ainda fortemente tributária da iluminação solar, quando, desde 1904, as Forças Armadas russas já utilizavam refletores na defesa noturna de Port Arthur – refletores que logo seriam acoplados às câmeras-metralhadoras.

Griffith declara-se "muito decepcionado com a realidade do campo de batalha", pois a facticidade da guerra moderna tornou-se realmente incompatível com a facticidade cinematográfica tal como ele ainda a concebe, e tal como espera seu público. Apesar disso, Griffith obtém algumas tomadas interessantes na guerra, concentrando-se na atividade logística, tendo como operador de câmera o capitão Kleinschmidt. É possível assistir a esses filmes no Imperial War Museum de Londres.

Pouco depois, Griffith deixa o continente para recriar na Inglaterra batalhas que realmente se desenrolavam a poucos quilômetros de distância. *Hearts of the world* [*Corações do mundo*] (1918) é rodado na planície de Salisbury, que logo viria a servir

---

[6] Luigi Pirandello, *Cadernos de Serafino Gubbio Operador* (trad. Sérgio Mauro, Petrópolis, Vozes, 1990), p.72. (N. T.)

como "cemitério especial" para as vitimas da epidemia de gripe viral que se abatia sobre o mundo, provocando em um ano cerca de 27 milhões de mortes, além das ocorridas na guerra.

De volta a Hollywood, o cineasta termina o filme no rancho Lasky com poucos recursos e tendo Stroheim como conselheiro militar. Apesar do roteiro banal, o filme alcança grande sucesso nos Estados Unidos e causa forte impacto sobre a opinião pública.

Sem dúvida, Griffith sentiu diante da guerra moderna uma amargura comparável à que já havia experimentado ao descobrir *Cabiria,* de Pastrone, um filme rodado em 1912 na Itália e que chegaria à América em 1914. Eis o relato de Karl Brown: "As críticas de *Cabiria* provocaram um tal efeito sobre Griffith que ele e os principais membros de seu estado-maior tomaram o primeiro trem para assistir ao filme em São Francisco...". E Kevin Brownlow acrescenta: "Ele devia estar exultante por ter realizado um filme como *O nascimento de uma Nação,* então saudado como a maior obra-prima do mundo, mas também imensamente deprimido ao assistir em seguida a um filme como *Cabiria...* Do ponto de vista dos meios materiais e da habilidade técnica, o filme de Griffith parecia pré-histórico quando comparado à produção italiana"[7]. *Cabiria* fora produzido no país dos futuristas, cujo manifesto tinha sido divulgado três anos antes do início das filmagens da obra de Pastrone. Tanto o diretor quanto os futuristas tinham em comum o fim da organização do pensamento de acordo com a linearidade euclidiana e a pretensão de uma equivalência entre a visão humana e a propulsão energética. O diretor negligenciou voluntariamente o caráter narrativo do roteiro em benefício do efeito técnico, do aperfeiçoamento dinâmico das tomadas: "Obcecado pela terceira dimensão, Pastrone

---

[7] Kevin Brownlow e John Kobal, *Hollywood – les pionniers,* cit.

42 • Guerra e cinema

conseguiu criar a ilusão de profundidade, separando os planos visuais por constantes movimentos de câmera..."[8].

Usando e abusando sistematicamente do *carello (travelling)*, que ele próprio havia aperfeiçoado, Pastrone mostrou que a câmera serve menos para produzir imagens (o que, afinal, os pintores e fotógrafos já faziam havia muito tempo) do que para manipular e falsificar dimensões.

"Para criar o onírico, ou seja, a alucinação visual", afirma Ray Harryhausen, um dos mestres contemporâneos dos efeitos especiais, "não é mais preciso copiar o 'movimento cinema', assim como um pintor não copia uma fotografia". Essa reflexão de Harryhausen coloca um problema preciso: a verdade-cinema seria produzida 24 vezes por segundo pelo motor-câmera, mas a primeira diferença entre cinema e fotografia está no fato de que o ponto de vista pode ser móvel e escapar à estagnação do foco ou da pose para se confundir com as velocidades veiculares. Desde as experiências de Marey, o equipamento de filmagem torna-se móvel, o estável substitui o fixo. Mas com Pastrone, o que agora é *falso* no cinema não é mais o efeito de perspectiva acelerada, mas a profundidade em si, a distância entre o tempo e o espaço projetado... a luz eletrônica da holografia (laser) e da infografia (circuito integrado) viria a confirmar essa relatividade, em que a velocidade surge como grandeza primitiva da imagem e, enquanto tal, como origem da profundidade.

O filme de Pastrone é contemporâneo da guerra colonial na Líbia, conflito que foi uma das conseqüências do delírio patriótico vivido pelos italianos depois da celebração do cinqüentenário de sua unidade nacional. A partir de então, o país mergulha no esforço militar-industrial. Gabriele d'Annunzio, que colabora no roteiro de *Cabiria*, é, ele próprio, um dândi guerreiro próximo do movimento futurista; também um pilo-

---

[8] Ibidem.

to de guerra e, pouco mais tarde, desempenharia um papel crucial na tomada de Fiume[9].

Curiosamente, a automobilidade cinemática tem pouco lugar nas atividades futuristas: apenas dois filmes, em 1914 e 1916, um dos quais estigmatizado por Marinetti[10], ainda que ele próprio tenha feito uma primeira junção entre a guerra, a aviação e uma visão que, na fugacidade da perspectiva aérea, se torna dromoscópica[11]. Em 1912, Marinetti publica quase que simultaneamente *O monoplano do Papa* – relato de viagem de um aviador futurista no qual é possível reconhecer o próprio autor – e *A batalha de Trípoli*, inspirado em sua entusiástica temporada no front líbio, onde a mão que escreve "parece desprender-se do corpo e prolongar-se em liberdade, bem distante

---

[9] Giovanni Lista, *Marinetti* (Éditions Seghers, 1976).

[10] Em 1963, em *Les carabiniers* [*Tempo de guerra*], Godard relaciona os bombardeiros a pique com os cartões-postais de paisagens. Em 1914, Apollinaire incorpora a seu primeiro ideograma a colagem de um cartão postal enviado por seu irmão e, no mesmo ano, Marinetti insere na textura cinematográfica de Zang Toumb Toumb o texto integral de um panfleto lançado de um avião búlgaro durante a guerra dos Bálcãs. Em 9 de agosto de 1918, a esquadrilha italiana "A Sereníssima", chefiada por d'Annunzio, inunda com panfletos a cidade de Viena. Depois da guerra de 1870, a indústria do cartão-postal inaugurou o transporte da fotografia: imagens mediatas, e não mais imediatas, com freqüência anônimas, populares e baratas. Além das ilustrações sentimentais, eróticas ou simplesmente publicitárias, os cartões-postais difundiam uma propaganda nacionalista e revanchista de uma política natalista e cientificista. Mas, acima de tudo, muitos cartões prefiguravam as colagens surrealistas: podem-se encontrar montagens fotográficas que misturam paisagens reais, acessórios desenhados, veículos fictícios e personagens burlescos esboçando uma estética próxima aos futuros filmes de Méliès ou Zecca.

[11] Virilio define a dromologia como o estudo da velocidade. "Dromologia vem de dromos, corrida. Para mim foi a entrada no mundo do equivalente velocidade ao equivalente riqueza", explica na longa entrevista com Silvère Lotringer publicada no Brasil sob o título *Guerra pura* (São Paulo, Brasiliense, 1984). (N. T.)

do cérebro, o qual, de algum modo também desprendido do corpo agora aéreo, observa, bem do alto e com assustadora lucidez, as frases imprevisíveis que saem da caneta".

Se, no final do século XIX, o cinema e a aviação surgem simultaneamente, apenas em 1914 o avião deixará de ser um simples meio de voar, de bater recordes (o *Deperdussin* já ultrapassava os duzentos quilômetros por hora em 1913), para tornar-se um modo de ver ou, talvez, o último modo de ver. Ao contrário do que geralmente se pensa, a aviação de reconhecimento está na origem da arma aérea, cuja utilização inicialmente mereceu críticas dos estados-maiores. Encarregados ainda de informar as tropas no solo, de ajustar os tiros de artilharia ou de fotografar, os aviões de reconhecimento eram admitidos somente como um "observador aéreo", quase tão estagnantes quanto o balão de observação, com seus cartógrafos equipados de papéis e lápis. A informação móvel ainda era atribuída à cavalaria e à sua velocidade de penetração terrestre até a batalha de Marne, quando, pela primeira vez, Joffre levou em consideração as informações dos pilotos e conseguiu calcular os movimentos necessários para sua ofensiva vitoriosa. As condições técnicas dos aviões de observação eram tão precárias na época que, durante as missões de reconhecimento fotográfico, era preciso manter uma altitude constante para que a escala das fotografias fosse respeitada, e essa quase imobilidade tornava as aeronaves extremamente vulneráveis. Jean Renoir, que fez parte de uma dessas esquadrilhas, pediria a Jean Gabin para que em *La grande illusion* [*A grande ilusão*] usasse o uniforme que ele próprio vestiu durante a guerra. Segundo Renoir:

A história de *La grande illusion* é rigorosamente verdadeira. Ela me foi contada por muitos de meus companheiros da guerra de 1914/18, e especialmente por Pinsard. Ele servia na aviação de caça e eu, na divisão de reconhecimento. Freqüentemente eu ia fotografar as linhas alemãs e, por várias vezes, ele salvou minha vida no momento em que os ataques inimigos se tornavam muito insistentes. Ele mesmo foi derrubado sete vezes, sete vezes foi preso e por sete vezes escapou...

Os estados-maiores passaram, enfim, a levar a aviação a sério, e o reconhecimento aéreo, fosse ele tático ou estratégico, desde então tornou-se cronofotográfico e, mais tarde, cinematográfico. Apesar de os aviões serem equipados com telégrafos sem fio, que os mantinham em contato imediato com o estado-maior, a análise dos documentos fotográficos pelos militares em terra implicaria grande demora, criando um longo intervalo entre a produção das fotografias e sua aplicação na atividade militar.

Eram poucos os pilotos realmente excepcionais: no início havia os "esportivos", como Védrines ou Pégoud, posteriormente eles viriam de todas as armas, mas principalmente da cavalaria, divisão de reconhecimento por excelência. A ligação entre a aviação e a cavalaria é uma tradição ainda hoje mantida pelos Estados Unidos.

No começo da guerra, os pilotos preferiam agir sozinhos, mas, ao longo dos combates e missões de reconhecimento, tornou-se necessária uma destreza excepcional para, a um só tempo, atirar, filmar e pilotar. Eram muitas vezes experimentadores, inventores, como Roland Garros (morto em 1918), que criou um blindado especial que permitia acoplar a metralhadora à hélice do avião, ou Omer Locklear, integrante do *"Air Corps"*, que se tornou famoso por andar na asa de um avião em pleno vôo a fim de provar que ela podia suportar o peso de uma metralhadora extra. Em 1919, ele inicia em Hollywood a carreira de *"stuntfly"* (dublê aéreo), como, na França, Roland Toutain, o aviador sentimental de *La régle du jeu* [*A regra do jogo*], de Renoir, ou ainda o ex-piloto de guerra Howard Hawks, que, financiado por

Howard Hughes, realizaria em 1930 *The dawn patrol* [*A patrulha da madrugada*], com base em suas recordações.

Em julho de 1917, Manfred von Richthofen, o célebre "Barão Vermelho", inaugura seu "*flying circus*" (circo voador), composto por quatro esquadrilhas de dezoito aviões cada.

No "Richthofen Circus", não havia mais acima, abaixo ou qualquer outra polaridade visual. Para os pilotos de guerra, os *efeitos especiais* já existiam e se chamavam "*looping*", "folha-seca", "grande-oito"... A partir de então, a visão aérea escapa à neutralização euclidiana, tão fortemente experimentada pelos combatentes nas trincheiras. A aviação abre túneis endoscópicos, é o acesso mais surpreendente possível à visão topológica, até o "ponto cego" antevisto nas atrações dos parques de diversões do século anterior, nas rodas-gigantes e mais tarde nos trensfantasma, nas montanhas-russas e em outras diversões encontradas, por exemplo, na Berlim do pós-guerra.

Depois de mais de quarenta anos de estagnação, os norteamericanos compreenderam, no Vietnã, a importância de repensar as operações de reconhecimento aéreo. Neste momento produziu-se uma revolução técnica que alterou pouco a pouco os limites da pesquisa no tempo e no espaço, até que o reconhecimento aéreo e seus modos de representação desaparecessem, eles próprios, na instantaneidade da informação em *tempo real.* Desde então, os objetos e os corpos são esquecidos em benefício de suas linhas fisiológicas, panóplia dos novos meios, sensores do real, mais sensíveis a vibrações, ruídos e odores do que às imagens; câmeras de vídeo de hipersensibilidade luminosa, flashes infravermelhos, *imagem termográfica*, que definem os corpos segundo sua natureza e temperatura... Quando os lapsos de tempo tornam-se tempo real, o próprio tempo real escapa da obrigação da aparição cronológica para tornar-se cinemático. A informação não é mais fixada, como na antiga fotografia, ela permite, ao contrário, a interpretação do passado e do futuro, na medida em que a atividade humana é sempre fonte de calor e de luz e pode, portanto, ser extrapolada no tempo e no espaço...

Em 1914, entretanto, a cobertura sistemática do campo de batalha através do reconhecimento aéreo e de seus equipamentos ainda era tributária da noite, do nevoeiro e das nuvens baixas. Somente os bombardeiros não dependiam então da alternância do dia e da noite. Tendo iniciado suas operações equipados com simples lâmpadas elétricas, os bombardeiros logo receberiam holofotes, colocados sob os trens de aterrissagem, e lâmpadas instaladas nas extremidades da asa.

Essa investigação condicionada pela luminosidade e pelas condições climáticas, visão aérea e visão terrestre alternadamente dominantes e dominadas, forma a trama dialética de *Figures in a landscape* [*No limiar da liberdade*] (1970), filme pouco conhecido de Joseph Losey. Assim como o helicóptero da Defesa Civil ou da polícia, o helicóptero de Losey, lançado em perseguição de dois fugitivos, superpõe a imagem de paisagens do Oeste norte-americano. O combate no filme é um jogo de espaço, no qual todos os instrumentos colaboram para sua saturação. Na perseguição visual, é preciso abolir o intervalo, anular a distância, primeiro através dos meios de transporte e em seguida através de suas armas. Quanto aos que escapam, sua munição é menos um meio de destruição do que um meio de distanciamento, eles situam-se exatamente no local que os separa e só podem sobreviver através da pura distância. Sua última proteção é a continuidade, a natureza. Evitando tudo o que designa e assinala a utilidade – como a estrada ou a casa – e tudo o que contém alguma informação, eles se ocultam nas dobras do terreno coberto de vegetação e árvores, nas oscilações atmosféricas e na noite. É interessante lembrar que *Figures in a landscape* foi rodado em plena Guerra do Vietnã, quando a Primeira Divisão de Cavalaria – a mesma que perseguiu os índios nas grandes planícies do Oeste norte-americano –

era equipada com helicópteros de combate, conforme a tradição. Dez anos depois, Coppola viria a inspirar-se na obra de Losey para montar as danças de helicópteros em *Apocalypse now,* seguindo o ritmo do *western* e ao som de um toque de clarim característico de um esquadrão de cavalaria.

A partir de 1919, quando foram reiniciados os vôos comerciais – principalmente por meio dos antigos bombardeiros, como o Breguet 14 –, a visão aérea começa a se generalizar e alcançar um grande público. Contudo, desde a sua origem, a fotografia aérea vinha questionando qual fator da combinação técnica "tempo/foto/avião/arma" teria maior importância na produção de um filme de guerra, e se, finalmente, a libertação topológica conseguida com a velocidade dos aparelhos – e mais tarde com seu poder de fogo – não seria criadora de outras facticidades cinemáticas tão eficazes quanto às produzidas pelo motor-câmera.

"Eu ainda me lembro do *efeito que produzi* num grande grupo de uma tribo, reunido em círculo em volta de um homem com roupas negras", narra o filho de Mussolini, referindo-se à guerra da Etiópia (1935/36). "Mergulhei com meu avião bem no centro dos homens e o grupo se dispersou como uma rosa ao desabrochar..."

Neste testemunho, a ação da arma (no caso o avião) é definida como subversiva, pois uma forma se dissolve instantaneamente diante dos olhos do piloto e surge uma outra que se reconstitui, numa extraordinária fusão. O piloto criou estas formas agindo exatamente como um diretor de cinema que, ao trabalhar na moviola, obtém grande prazer estético ao montar uma cena de seu filme.

Já que, desde sua origem, o campo de batalha é um campo de percepção, a máquina de guerra é para o polemarco um instrumento de representação, comparável ao pincel e à palheta do pintor. É conhecida a importância da representação pictórica nas seitas militares orientais, em que a mão do guerreiro passava facilmente do manejo do pincel à arma branca, assim como, tempos depois, a mão do piloto disparava uma câmera ao acionar uma arma. *Para o homem de guerra, a função da arma é a função do olho.* É normal, portanto, que o violento rompimento cinemático do *continuum* espacial – deflagrado pela arma aérea – e os fulminantes progressos das tecnologias de guerra tenham literalmente explodido, a partir de 1914, a antiga visão homogênea e engendrado a heterogeneidade dos campos de percepção. A metáfora da explosão é, desde então, correntemente empregada tanto na arte quanto na política. Os cineastas que sobreviveram ao primeiro conflito mundial evoluíram continuamente do campo de batalha para a produção de cinejornais ou de filmes de propaganda e, mais tarde, para os "filmes de arte". Dziga Vertov, que estava entre os participantes do primeiro trem de propaganda de Lênin, em 1918, declara a respeito do "olho armado do cineasta":

Eu sou o olho da câmera. Eu sou a máquina que lhes mostra o mundo como só eu posso vê-lo. A partir de hoje eu me liberto para sempre da imobilidade humana. Estou em perpétuo movimento. Eu me aproximo e me afasto das coisas – eu rastejo debaixo delas – eu me atiro nelas – eu as escalo – estou à frente de um cavalo a galope – irrompo velozmente na multidão – corro diante de soldados que correm – eu me atiro de costas – alço vôo com os aeroplanos – caio e levanto vôo en uníssono com os corpos que caem ou que se elevam no ar...[12]

---

[12] Em 1919, Vertov publica na *Lef,* a revista de vanguarda editada por Maiakovski, um artigo condenando o filme narrativo e, retomando os termos dos futuristas, declara guerra aos roteiros burgueses e à sua psicologia. [Dziga Vertov, "Resolução do Conselho dos Três em 10.04.1923", em *A experiência do cinema,* Ismail Xavier (org.), tradução de Marcelle Pithon, Rio de janeiro, Graal/Embrafilme, 1983, p. 296.]

Esses cineastas, que parecem "desviar" as imagens, assim como os surrealistas "desviavam" a linguagem, só foram "desviados" eles próprios pela guerra. No campo de batalha, eles não só se tornaram guerreiros, como acreditavam, assim como os aviadores, pertencer a um tipo de elite técnica. O primeiro conflito mundial lhes revelou a tecnologia militar em ação como um último privilégio de sua arte. É interessante constatar a formidável fusão/confusão criada por essa surpresa tecnológica no conjunto da produção de "vanguarda" do imediato pósguerra. Ainda que os documentários de guerra e os documentos cronofotográficos aéreos permanecessem inéditos como segredo militar ou fossem abandonados e julgados desinteressantes, principalmente nos Estados Unidos, os cineastas vão oferecer esses efeitos tecnológicos ao grande público como um espetáculo inédito, um prolongamento da guerra e de suas destruições morfológicas.

Este é o caso do célebre coronel Steichen, que comandava as operações de reconhecimento aéreo das tropas americanas na França durante a Primeira Guerra Mundial[13]. Depois do conflito, aproximadamente 1,3 milhão de fotografias militares tornaram-se parte de sua coleção pessoal e um bom número delas foi exposto e vendido com a assinatura do autor, como se fossem propriedade sua.

Steichen dirigiu o reconhecimento fotográfico, tendo sob seu comando 55 oficiais e 1.111 soldados. Ele cobriu a guerra e organizou a produção de informações "como numa fábrica", graças à divisão do trabalho e à produção intensiva de imagens. A fotografia deixa, assim, de ser episódica; mais do que imagem, trata-se agora de um fluxo de imagens em consonância

---

[13] "Seitchen na Guerra", um apaixonante ensaio de Allan Sekula publicado há alguns anos na revista *Art Fórum*, do qual muitas passagens são aqui comentadas.

com as tendências estatísticas do primeiro conflito militar-industrial. Essa pressão do arsenal sobre a produção de imagens (as linhas de montagem das empresas Ford entram em operação em 1914) alteraria, como ocorrera com Griffith, completamente as concepções de Steichen sobre fotografia.

Como a maioria dos fotógrafos, Edward Steichen é, antes de mais nada, um "pintor fotógrafo", amigo da França e admirador de Rodin, tendo comparecido a seus funerais em 1917. Seu auto-retrato fotográfico, em que aparece com pincéis e uma palheta, pretende ser a "réplica fotográfica" do *Homem com uma luva*, de Ticiano. Cineastas norte-americanos também realizaram esse tipo de "respostas fotográficas" a grandes obras da pintura (caso de Cecil B. de Mille ou Griffith). O jornal *Camera Work* interrompe sua publicação no exato momento em que os Estados Unidos entram em guerra (1917), e seu último número rejeita a credibilidade do "pictorialismo" como procedimento de vanguarda. O próprio Steichen não tardaria a dedicar-se totalmente a suas tarefas militares. Depois do armistício, completamente deprimido, Steichen retira-se à sua casa de campo na França, onde queima todos os seus quadros, jurando nunca mais pintar, abandonar toda inspiração pictórica – julgada "elitista" – e buscar uma redefinição da imagem inspirada diretamente na fotografia de reconhecimento aéreo e em seus métodos de planificação. Com Steichen, a fotografia de guerra torna-se a fotografia do "sonho americano". Imagens que logo vão se confundir com aquelas produzidas pelo grande sistema hollywoodiano de produção industrial e seus códigos de introdução no consumo de massa.

***

No *Cahiers du Cinéma*, Alain Bergala escreveu: "A fotografia da estrela de cinema não precisou ser inventada... para sua criação foi suficiente *radicalizar o ato de isolamento* que já caracterizava a imagem da estrela no grande cinema hollywoo-diano". Assim que li esta frase, lembrei-me da cena de *La grande illusion*, de Renoir, em que os prisioneiros de guerra, para realizar uma festa, tiravam de uma grande mochila de figurinos teatrais alguns murchos instrumentos da sedução feminina. Peças íntimas e roupas frufrulhantes são passadas de mão em mão entre gargalhadas e mímicas insinuantes até que, subitamente, os rostos se tornam sombrios e cada um se recolhe em uma comunhão secreta, na qual a hóstia seria um pouco da substância desses despojos de mulheres desaparecidas com a separação imposta pela guerra. Essa cena ocorre paralelamente à refeição servida pelo rico prisioneiro judeu interpretado por Marcel Dalio, personagem de outro tipo de segregação. Aqui é criada uma percepção indireta e alógica do festim: cada um termina por transferir seu gosto, seu julgamento e sua medida das coisas, da existência para a sua figura, da forma para a sua imagem. Um delírio geral da interpretação é imposto por essa logística militar que leva ao soldado, através dos malotes, sobras de um jantar em lugar de uma verdadeira refeição, uma mecha de cabelo de mulher em lugar de uma cabeleira. Renoir mostra que, mesmo fora de um campo de batalha – que não aparece no filme –, a guerra subverte o bom uso do sexo e da morte.

Pode-se lembrar aqui de Irma Pavolin, a pequena prostituta sifilítica criada por Maupassant, que transformava seu sexo em arma para dizimar o Exército prussiano, contabilizando deliciosamente os batalhões de soldados inimigos que contaminou em uma pioneira guerra bacteriológica. Ou então de Henny Porten, vedete alemã lançada em filmes de propaganda antifranceses, que se tornaria uma das primeiras *pin-ups* famosas, cujas fotografias eram afixadas nos alojamentos militares de 1914. A *pin-up* exemplar, imagem da jovem ideal, atualiza a fotografia cuidadosamente retocada, enviada pela *madrinha de guerra,* a

O cinema não é eu vejo, mas eu vôo • 53

noiva da morte, distante, intocável e, na maior parte do tempo, desconhecida, já que só aparece para o soldado através de cartas e malotes que continham, além de outros "regalos", algumas de suas próprias relíquias, como mechas de cabelo, perfumes, luvas, flores secas. Essa situação ilustra a reflexão de Rudolf Arnheim sobre um cinema em que, depois de 1914, o ator se torna acessório e o acessório se torna protagonista: realmente, a mulher numa guerra da qual ainda é excluída torna-se uma *tragédia objetiva*.

O olhar obsceno que o conquistador militar lança sobre o corpo distante da mulher é o mesmo que ele dirige ao corpo territorial desertificado pela guerra, precedendo assim ao voyeurismo do diretor, que enquadra o rosto da estrela como se filmasse uma paisagem, com seus relevos, lagos e vales, os quais *lhe competiria apenas iluminar* com uma câmera que, segundo Sternberg, o inventor de Marlene Dietrich, *atingia à queima-roupa* (muitos dos diretores importados pelos americanos depois de 1914 participaram da guerra, principalmente nos exércitos austro-húngaros ou alemães).

Mais recentemente, Carol Reed diria a uma iniciante: "O importante não é ser uma boa atriz, o que interessa é que a câmera se apaixone por você." Durante e depois da Segunda Guerra Mundial, a generalização do strip-tease (esse jogo de palavras entre o filme de cinema e a excitação sexual) indica as dimensões assumidas por essa transferência tecnófila em uma sociedade que se militariza. Antes censurado, o strip-tease será imposto pelo exército na Inglaterra, principalmente através da célebre Phyllis Dixey. Assim como o soldado, a dançarina que se despe em cena torna-se um filme para os que a observam, tirando lentamente as peças de roupa como se desenrolam as seqüências, os movimentos lascivos desempenhando o papel de fusão das imagens e a música de fundo servindo como trilha sonora. Essa relação se torna ainda mais clara nos estabelecimentos em que o corpo nu é isolado numa gaiola de vidro funcionando como "tela" entre a dançarina e os clientes, desta vez armados com máquinas fotográficas ou câmeras disparadas à "queima-roupa"; ou ainda nos videogames em que a partida é considerada ganha quando uma pequena lâmpada vermelha, símbolo do orgasmo, se acende na tela por noventa segundos[14].

A reflexão de Bergala sobre o isolamento seqüencial do ator pode ser completada pelas considerações de Sydney Franklin: "Todo o esforço do 'star-system' é *canalizado para aproximar a estrela do público, em todos os sentidos do termo*". Franklin acrescenta: "Seria possível mostrar trezentos metros de filme com Norma Talmadge sentada em uma cadeira e seus admiradores correriam para assistir".

O *star-system* e a invenção do *sex-symbol* são os efeitos da intensa logística da percepção que se desenvolveu durante o primeiro conflito mundial em todos os campos, dimensões logísticas imprevisíveis em que os Estados Unidos, naturalmente nômades, viram triunfar seus métodos em uma Europa ainda encravada e tributária da sedentariedade. Eles venceram uma das primeiras guerras do petróleo colocando o mercado francês nas mãos da Standard Oil e encurralando nosso exército, que havia partido para o combate com quatrocentos vagões-tanque, enquanto os norte-americanos podiam dispor de mais de vinte mil. É óbvio que, a partir de então, os mercados não foram criados tanto pelo objeto de consumo, mas pelos vetores de distribuição. Desde os anos 1920, bem antes do New Deal, ocorre nos Estados Unidos a desneutralização dos meios de comunicação, que passam a ser

---

[14] Uma das primeiras fitas [de videogame] pornográficas chamava-se, como por acaso, *A revanche do General Custer*, e permitia deslocar o personagem principal (que usa apenas um quepe) num deserto repleto de emboscadas. O jogo terminava quando uma índia era violada pelo personagem.

controlados por poderes industriais e comerciais a serviço da guerra econômica, interesses comerciais que, como vimos, controlam estreitamente Hollywood e suas indústrias satélites, que "pululam em torno dos estúdios como as cidades da Idade Média surgiam em torno das fortalezas"[15].

***

Em 1889, Thomas Edison e alguns índios do "Grande Show do Oeste Selvagem", de Buffalo Bill, que então visitavam Paris, entusiasmaram-se com a torre Eiffel e seu terraço circular – onde foram instalados refletores e uma agência telegráfica, aberta ao público no dia 9 de setembro. Foi o tenente-coronel Gustave Ferrié, um ex-aluno da Politécnica, que teve a idéia de utilizar a torre como uma antena e, quando a guerra se inicia, em 1914, ele foi destacado para cuidar de todas as radiocomunicações. Com o incentivo desse militar, todo o material radiotelegráfico dos Aliados passa a ser fabricado na França e, logo, o antigo telégrafo sem fio transforma-se em rádio (em 1915, tem início a produção em série da primeira válvula eletrônica, a TM – telegrafia militar –, inventada por um dos membros da equipe de Ferrié. No final da guerra, já se falava em televisão...).

Simbolicamente, o logotipo da RKO mostra uma enorme torre, que já não é construída para "impressionar o mundo" por suas dimensões, mas para cobrir com mensagens o globo por ela dominado. À logística das imagens (fotográficas, cinematográficas), a guerra acrescenta a logística dos sons e, logo depois, uma logística musical, graças à exploração dessa "radiofonia popular", que conheceria um desenvolvimento considerável entre as duas guerras mundiais, com o surgimento dos grandes auditórios e das transmissões públicas. De *Roses of picardie* (1914) a *Lily Marlene* (1940) e Glenn Miller – que se

---

[15] Kevin Brownlow e John Kobal, *Hollywood – les pionniers,* cit.

tornará um dos patronos desta logística musical, e teria um fim misterioso –, a ambigüidade desses sistemas surge claramente durante as blitze, com suas angustiantes gargalhadas, transcrições sonoras e polivalentes destinadas ao continente europeu, informações cifradas para os membros da Resistência e os guerrilheiros, os combatentes da sombra. No Ministério da Informação inglês, mantinha-se permanentemente um "comitê de idéias para a propaganda", do qual fazia parte o ator britânico Leslie Howard, um dos heróis de *Gone with the wind* [*E o vento levou*]. Tendo retornado a Londres em 1939, Howard participa de transmissões destinadas à América, enquanto um inglês chamado William Joyce fala aos britânicos diretamente da Alemanha...

De seu lado, Joseph Goebbels, ex-jornalista que se tornou chefe de propaganda, inovou muito no período entre as duas guerras. Ele facilitou a ascensão de Hitler ao poder enviando cerca de 50 mil discos de propaganda fascista a todos os lares alemães que dispunham de um fonógrafo, impondo aos diretores de salas de cinema, muitas vezes pela violência, a projeção de curtas-metragens ideológicos e, por fim, colocando aparelhos de rádio ao alcance de todos os bolsos assim que chegou ao Ministério.

***

Em 1914, o "isolamento" do piloto de avião consistia em colocar algodão nos ouvidos para amenizar o ruído do motor e do vento e usar óculos para a proteção dos olhos, sendo facultativo o uso de capacete. Cerca de 25 anos depois, no final da Segunda Guerra Mundial, a cabine pressurizada das superfortalezas norteamericanas preparadas para bombardear a Europa torna-se um sintetizador impressionantemente refratário à vida sensível.

Entretanto, o efeito do isolamento técnico é tão traumatizante e prolongado que o "Strategic Air Command" decide alegrar as perigosas travessias de suas unidades pintando sobre a camuflagem de seus bombardeiros, em cores vivas, heróis de desenhos animados e imensas *pin-ups* com nomes sugestivos. Imagina-se também um tipo de sistema "cebista" (C.B. ou banda do cidadão), em que locutoras com vozes melodiosas se encarregam não somente de guiar radiofonicamente os pilotos, mas também de tranqüilizá-los durante a missão, parasitando a imagem da destruição com brincadeiras, confidências e até mesmo canções românticas...

Stanley Kubrick reproduziu fielmente esse efeito audiovisual servindo-se da voz de Very Linn cantando *We will meet again* para embalar a longa série de explosões nucleares que encerra o *Dr. Strangelove.* A crítica o condenou por utilizar antigas seqüências de documentários mostrando os bombardeios sobre Hiroshima ou sobre as ilhas Christmas, material barato e exaustivamente exibido[16].

Kubrick, na verdade, agiu com o maior realismo, ele foi ao essencial de uma imagem de guerra em que não subsiste nada além do registro dos estados sucessivos da matéria liberada e de uma voz distante, cantando o desejo de um reencontro que se torna fisicamente impossível, mas desta vez para sempre e para todo o mundo.

***

Produtora abusiva de movimento, que mistura as performances dos meios de destruição ao desempenho dos meios de comunicação da destruição, a guerra, ao falsificar as distâncias, falsifica a aparência, pois para o polemarco toda dimensão é instável e a ele se apresenta em estado isolado, fora de seu con-

---

[16] Norman Kagan, *The cinema of Stanley Kubrik* (New York; Holt, Rinehard and Winston, 1972; ed. francesa: *Le cinéma de Stanley Kubrik*, Lausanne, Éditions L'Âge d'Homme, 1979).

texto natural. Hermes, deus encarregado de todas as logísticas, é batizado *trismegisto* como o deus Thot dos egípcios; a *Ilíada* mostra o *gigantesco* Aquiles avançando contra as muralhas de Tróia; superdimensionadas ainda as efígies dos conquistadores, Ramsés ou Stalin, colossos de pedra ou bronze que parecem capazes de se mover em um mundo vazio e ampliado, um campo de ação insuspeitado... um pouco como Gulliver ou Alice, que dizia "me modificaram muitas vezes!". Mas, para Alice, o mundo visível não vem se chocar contra a tela do espelho, pois o reflexo luminoso não é um limite, mas um lugar de passagem. É bom lembrar que o autor da história, Lewis Carrol, não era senão o matemático Charles Dodgson – um dos inventores das "matemáticas transcendentes", tipo de logística matemática em que contínuo e descontínuo se comunicam – e, além do mais, um fotógrafo amador apaixonado. O *star-system* parte dessa mesma instabilidade de dimensões, que, aliás, não é percebida da mesma maneira por todos os públicos: certos espectadores mostram-se derrotados pelas soluções de continuidade espaço-temporais imaginadas pelos cineastas[17].

Ainda uma vez, não é por acaso que uma das últimas estrelas, Marylin Monroe, viria a ser descoberta por um fotógrafo do exército norte-americano, em plena guerra da Coréia. Conhecida como "Miss Lança-Chamas" (pode-se pensar nos substantivos compostos criados por Marinetti: mulheres-chamas, veículo-relâmpago, coração-motor...), Marylin ganha 150 dólares por semana e torna-se a *pin-up* mais encontrada nas paredes dos alojamentos. O que faz o poder de Marylin e suas consortes não é somente a fotogenia ideal de seus corpos, mas o fato de suas imagens não serem divulgadas em escala natural. O corpo de Marylin encontra-se em permanente exílio de suas dimensões imediatas e naturais e parece não estar ligado a nada,

---

[17] Rudolf Arnheim, *Visual thinking* (University of California Press, 1969).

O cinema não é eu vejo, mas eu vôo • 59

ora ampliável como uma tela gigante ora pequeno, múltiplo e dobrável como um pôster, uma capa de revista ou um prospecto. Compreende-se melhor agora por que as agências têm o hábito de divulgar, como um corolário, as medidas "reais" de suas modelos: medidas de seios, cintura e altura são necessárias para a boa apreciação da imagem, assim como a escala e as convenções inscritas na margem dos mapas do estado-maior são indispensáveis para sua leitura e interpretação pelo observador militar. O corpo de Marylin – que os médicos da Sétima Divisão americana diziam ser o que mais desejavam *examinar*, e que, no entanto, não foi reclamado por ninguém no necrotério – lembra o caráter invasivo do cirurgião e do cameraman que atravessa a Primeira Guerra Mundial e só se tornaria evidente depois de 1914. "O cinegrafista", escreve Benjamin, "penetra profundamente nas vísceras da realidade... A imagem do pintor é total, a do operador se divide em inúmeros fragmentos, cada qual obedecendo a leis próprias." [18]

Assim como a fotografia aérea de reconhecimento, cuja leitura depende de tudo que possa ser captado pelo ato racionalizado de interpretação, o uso da endoscopia e do *scanner* permite uma colagem instrumental e a evidência dos órgãos escondidos, leitura totalmente obscena das destruições causadas pela doença ou pelos traumatismos.

Essa faculdade de tornar visível o invisível – experiência que consiste em examinar indefinidamente uma determinada imagem, encontrar um sentido ao que, à primeira vista, parece um caos de formas sem significação – ou a análise manual do filme (que, segundo Painlevé, assemelha-se à descoberta científica) estão próximas do procedimento militar de avaliação da paisagem inimiga através da análise das destruições realizadas em elementos geralmente camuflados (trincheiras, acampamentos, *bunkers),*

---

[18] Benjamin, op. cit., p. 187. (N. T.)

"realizando, através dos processos observados, esses processos desconhecidos que a técnica cinematográfica gosta de fazer surgir"[19].

A publicidade do cinema industrial não se equivocará: se a estrela pode ser chamada de "o corpo" e sua imagem é pintada sobre as bombas e os bombardeiros, este corpo desprovido de dimensões estáveis logo será oferecido "em pedaços" aos espectadores, repetindo ainda mais uma vez a percepção heterogênea do vouyeur militar. De Jean Harlow a Jane Russel, Lana Turner ou Betty Grable, a atenção será atraída por um detalhe exageradamente ampliado: as pernas, o olhar, as ancas etc. A exposição *cinemática* – reveladora de formas exteriores à percepção imediata – renova a dissecação da anatomia antiga.

***

Depois de ter assimilado a lição futurista de *Cabiria* para filmar *Intolerance* [*Intolerância*] (confusão de elementos temporais, improvisação sem decupagem prévia, montagem convergente unindo ações que se desenrolam simultaneamente em dez lugares e quatro séculos diferentes, maior mobilidade da câmera...), Griffith se defrontou com uma nova e "intolerável" surpresa técnica no campo de batalha militar-industrial: desta vez, é a câmera civil que, apesar de sua invenção recente, parece pré-histórica diante dos progressos fulminantes do equipamento militar. A fase áurea de Griffith iria se encerrar pouco depois da guerra, por volta de 1922.

Abel Gance, grande admirador de Griffith e quatorze anos mais jovem do que este, também trabalhou para o exército durante o primeiro conflito mundial e realizou seu *J'accuse!* [*Eu acuso!*] em 1917 – enquanto os soldados se amotinavam no front –, beneficiando-se da figuração de combatentes feridos, reformados ou em convalescença (incluindo Blaise Cendrars, entre outros). Gance

---

[19] Germanie Dulac.

dá ao cinema uma definição próxima daquela da "máquina de guerra" e de sua fatal autonomia: "Mágico enfeitiçador, capaz de proporcionar aos espectadores, em cada fração de segundo, a sensação desconhecida de ubiqüidade em uma quarta dimensão, suprimindo o espaço e o tempo...".

A guerra vem do cinema, e o cinema é a guerra, mas, de fato, Gance ainda não havia percebido que esse amálgama seria provisório para o cinema. Suas múltiplas invenções (tela tripla – patenteada em 20 de agosto de 1926 –, perspectiva sonora, polivisão, magirama etc.) têm o sentido de uma corrida trágica para alcançar o dinamismo ubiqüitário dos militares, um empobrecimento de suas técnicas visuais e acústicas. O declínio prematuro da obra de Gance é o fim dessa corrida, a certeza de que a recuperação é tecnicamente impossível, a derrota de um poder cinemático civil que "não foi capaz de descobrir sua bomba atômica..." (carta que Gance enviou, em 5 de agosto de 1972, ao ministro da Cultura Jacques Duhamel).

O cinema não seria mais do que um gênero bastardo, um parente pobre da sociedade militar-industrial. Assim destruiu-se por si próprio o que parecia ser uma vanguarda da cinemática, o filme de arte.

Em 1905, Einstein enunciou sua teoria energética e, dez anos mais tarde, em plena guerra mundial, a teoria da relatividade geral. Giuseppe Peano, Haussdorf, von Koch contribuíram para a logística matemática e para a ideografia, e Kurt Gödel provou matematicamente a existência de um objeto sem produzi-lo, criando a *prova existencial* que, com Von Neumann e a célebre *Teoria dos jogos,* se tornaria a base da estratégia nuclear contemporânea. Derivada de figuras e figurações da realidade física, a teoria científica – que subentende o esforço militar – alcançaria em meio século as aspirações surrealistas de uma cinemática desconhecida: a completa destruição dos campos de percepção.

62 • Guerra e cinema

***

Enquanto, depois de 1914, se multiplicam em Hollywood os mais extravagantes movimentos de câmera, na União Soviética, Eisenstein fala da série de explosões de motores que movem um filme. Segundo ele: "O conceito de colisão, de conflito, é a expressão, na arte, da dialética marxista". Aí estão as variações no enquadramento, os *"fades"* e divisões da imagem, movimentos inesperados da câmera, câmera lenta, reversões na imagem, intromissão súbita de objetos, de personagens e de locais sem qualquer explicação anterior, movimentos de massa[20]. A revelação da profundidade torna-se, como em Marinetti, propriamente apocalíptica, pois visa ao acabamento dinâmico das dimensões do mundo. "Na medida em que somos criadores", escreve o arquiteto alemão Mendelsohn, "sabemos com que diversidade as forças motrizes e o jogo de tensões *agem em detalhe.*"

Distância, profundidade, terceira dimensão – depois de alguns anos de guerra, o espaço tornou-se um campo de manobra para a ofensiva dinâmica, a grande maquinação energética. Uma vez que "o intenso ritmo de sua marcha nos impele em direção a uma nova claridade e o impacto de sua matéria nos mergulha em uma nova luz", o cinema é a metáfora dessa nova geometria que dá forma aos objetos, fusão/confusão dos gêneros que antecipa a futura e terrível transmutação das espécies, o privilégio exorbitante concedido à velocidade de penetração pela guerra e também por uma indústria de guerra que se reconverteu, depois do primeiro conflito mundial, em produção de meios de comunicação e de transporte, em comercialização do espaço aéreo...

---

[20] Amos Vogel, *Film as a subversive art* (London, Weindenfeld and Nicholson; ed. francesa, Buchet Chastel, 1977); Gyorgy Kepes, *Langage of vision* (New York, Paul Theobald & Co, 1967).

O cinema não é eu vejo, mas eu vôo • 63

Logo se cria uma indústria de massa que trata diretamente o realismo do mundo pela aceleração cinemática, um cinema baseado no desarranjo psicotrópico e na perturbação cronológica. Esse novo cinema se destina especialmente às camadas de espectadores cada vez maiores que, depois de terem sido arrancadas da vida sedentária, foram destinadas à mobilização militar, ao exílio da emigração, à proletarização nas novas metrópoles industriais, à revolução... Com a guerra, todo mundo circula, até mesmo os mortos – depois dos famosos táxis do Marne, que transportavam os combatentes de 1914 ao campo de batalha, as companhias de táxi fizeram fortuna repatriando os corpos dos soldados mortos para famílias que os reclamavam.

Esse vai-e-vem que faz com que cada um se torne transeunte, estrangeiro ou desaparecido, prolonga indefinidamente na paz a afasia guerreira. Se, em 1848, Stuart Mill escreve, em seus célebres *Princípios de economia política,* que *produzir é mover,* a partir de 1914 o cinema se tornará uma poderosa indústria partindo do princípio *mover é produzir* (por sua vez, Alain pensava que "superstição é acreditar que podemos mover as coisas"...).

Os Estados contavam na época com poucos meios de persuasão. Os jornais são um desses meios, mas só podem atingir um número limitado de leitores (os maiores, como o *Dailly Mail,* atingiam, no máximo, um milhão). Tornam-se freqüentes as concentrações públicas, mas, da mesma forma, têm um impacto muito limitado, pois os líderes políticos só dispõem de megafones de baixa potência para se dirigir às multidões. A conjuração que então envolve a técnica cinemática – o pragmatismo industrial oriundo da produção intensiva da imagem de guerra, através da produção de filmes que não são mais produtos de um autor, mas de grupos organizados detentores de meios técnicos e financeiros consideráveis – faz do antigo cinema uma atividade que logo seria nacionalizada, a exemplo do ocorrido na União Soviética com Lênin. Todas essas características têm sua origem, em parte, na carência de meios de propaganda, mas, principalmente, na carência de um fato histórico ao qual quase não conferimos importância nos dias de hoje: depois da separação entre a Igreja e o Estado na França, ocorre em toda a Europa, no início do século XX, a queda das monarquias e dos impérios de direito divino.

O primeiro conflito mundial marca o fim das relações privilegiadas entre as antigas religiões e os jovens Estados militar-industriais. Fundados sobre a violência aberta, como na União Soviética, esses Estados necessitam, para serem aceitos, da adesão do maior número de pessoas possível (devem tornar-se legais), de criar uma nova unanimidade, daí a urgente necessidade de se impor às massas *cultos de substituição*. Ao chegar ao poder, o materialismo místico e cientificista do século XIX transforma-se em uma efetuação dos "milagres" da ciência realizados pela técnica. O pseudo-advento da Razão na História torna-se, paradoxalmente, uma confusão de cultos, um sincretismo tecnófilo, a implementação de toda uma demonologia periférica e de suas inquisições, em que o culto da personalidade é um dos aspectos mais conhecidos.

Já na metade do século XIX, as então recentes descobertas científicas e suas aplicações técnicas tiveram como resultado insólito a volta à moda, nos Estados Unidos e na Grã-Bretanha, do mesmerismo[21] e das teorias do teósofo sueco Emanuel Swedenborg. É um *Iluminismo*, em que "o espírito" (Deus, o Eterno...) seria fluido magnético, fenômeno elétrico, exaltação cinética... Na casa das irmãs Fox, em Hydesville, são observados em 1845 os primeiros *rapping* (espíritos manifestos). Nos Estados Unidos, propagava-se um grande movimento mortífero, no qual pessoas ou seitas recorriam a sessões de possessão sagrada,

---

[21] Mesmerismo: relativo à doutrina de Franz Mesmer, médico alemão (1734-1814) que teoriza sobre o magnetismo animal. (N. T.)

O cinema não é eu vejo, mas eu vôo • 65

psicografia, comunicações mediúnicas e hipnose como meios de comunicação que as permitiam *mover-se no tempo e transpor o espaço com facilidade,* conforme escreve em 1900 o coronel de Rochas, administrador da Politécnica. A própria Igreja Católica norte-americana não desaprovaria totalmente essas práticas.

Pois trata-se da busca de *novos vetores do além,* depois da decadência provisória das grandes religiões e de sua degradação no Estado.

Nesse meio tempo, a fotografia penetra em todos os meios e lugares, até mesmo na clausura dos conventos, como o de Lisieux, onde no final do século XIX a objetiva fotográfica viola o isolamento da futura santa Thérèse Martin... Também ocorre a polêmica em torno do Santo Sudário de Turim, "primeiro fenômeno fotográfico da história", verdadeira "revelação" da técnica fotográfica como mídia iconólatra. Walter Benjamin logo compreende o lugar que o cinema pode ocupar nesse complexo místico-científico e rejeita-o com veemência, ainda que ele próprio seja fascinado pela aura fotográfica. Benjamin nos relembra que, para muitos – principalmente na Alemanha, por tratar-se de uma invenção francesa –, "a fotografia continua a ser uma experiência misteriosa, desconcertante", lançando mão de uma sombra e de uma luz que, como observa Jarry, dificilmente se interpenetram.

Em tal contexto, logo é criada o que se chamou de "indústria dos espectros", um empreendimento florescente que utilizará, além do médium humano, o médium fotográfico: se, para os *iluministas,* os espectros são fenômenos de energia elétrica, por que não poderiam ser fotógenos ou até mesmo fotogênicos? Depois da guerra de 1870, o diretor da *Revue Spirite,* Leymarie, auxiliado pelo fotógrafo Buguet, obtém fotografias de espectros sobrepondo às imagens de pessoas vivas e reais as imagens superexpostas de espectros que supostamente aparecem ao comum dos mortais no momento de passagem à câma-

66 • Guerra e cinema

ra escura. Leymarie seria condenado a um ano de prisão e quinhentos francos de multa por fraude. A não ser quando são utilizados como efeitos de aura acentuados por hábeis retoques, esses *espectros* são jovens e belos modelos vestidos no estilo pré-rafaelita. Em uma época de grande mortalidade, os clientes que "compravam" a aparição estabeleciam relações freqüentemente trágicas com as imagens.

Da guerra à epidemia – que dizimou muitas pessoas, sobretudo na faixa entre 15 e 35 anos –, a "indústria dos espectros" causou um forte impacto sobre o vocabulário estético e técnico do cinema e, em particular, do novo cinema alemão. Este último, que só se tornaria uma potência artística ao longo do primeiro conflito mundial, iria opor *dimensões sobrenaturais à crise das dimensões naturais* revelada pelos futuristas e, logo depois, pelas compensações abusivas do Tratado de Versalhes.

Oskar Messter foi um dos primeiros a fazer experiências de superposição de imagens utilizando dois projetores acionados simultaneamente, e um dos primeiros filmes importantes do cinema alemão foi *Der student von Prag* [*O estudante de Praga*], de Stellan Rye – que morreria em 1914, no front francês[22]. O filme conta a história de um estudante que vende sua imagem refletida no espelho a um feiticeiro. A imagem passa a agir no lugar do estudante, "desonrando-o" para forçá-lo a continuar um conquistador, um belicista. Acreditando destruir esse duplo incômodo, o estudante atira na imagem e é ele quem morre.

A propósito desse filme, Noël Simsolo escreve: "Essa é talvez a primeira obra que fala do cinema. É a imagem de uma pessoa que é roubada, uma imagem enquadrada como a do

---

[22] Lotte Eisner, *L'écran démoniaque* (Éditions Terrain Vague, 1981) [ed. bras.: *A tela demoníaca*, Rio de Janeiro, Paz e Terra/Instituto Goethe, 1985], e Noël Simsolo, "Le Cinéma Allemand sous Guillaume II" (*La Revue du Cinéma*, setembro de 1982).

cinema... o ator é o responsável pelos atos que sua imagem comete segundo o desejo de um outro, diretor ou feiticeiro?". Simsolo observa que os dois roteiristas do filme, Hans-Heinz Ewers e o grande ator Paul Wegener, trabalharam para os filmes da propaganda nazista, sob o Terceiro Reich.

Com o cinema, o reflexo "fiel" deixa de existir, *"tudo depende da imagem de um certo intangível, em que* o mundo fantástico do passado se junta ao mundo do *presente"*, declara Paul Wegener em 1916. Ao lado da ordem sensível e bem visível já se instala o caos de uma ordem insensível, novas imagens espectrais e delirantes que, depois de terem sido roubadas, retocadas e invocadas, podem ser capturadas, vendidas, e tornar-se objeto atraente de um lucrativo tráfico de aparências, ou podem ainda ser projetadas em todas as direções do espaço e do tempo. Como observa Duhamel em 1930: "Já não posso mais pensar no que quero. *As imagens em movimento substituem meus próprios pensamentos"*. O cinema é a guerra porque, como escreveu o doutor Gustave Le Bon, em 1916:

> A guerra não atinge somente a vida material dos povos, mas também seus pensamentos... e aqui voltamos a esta noção fundamental: não é o racional que conduz o mundo, mas as forças de origem afetiva, mística ou coletiva que conduzem os homens, as sugestões arrebatadoras dessas fórmulas místicas, tão mais poderosas quanto ainda vagas... as forças imateriais são as verdadeiras condutoras dos combates.

Nos Estados Unidos, no início do cinema, os atores não tinham nome ou sobrenome, mas quando os jornais noticiaram a morte da *Biograph Girl*, em 1910, esse anonimato desapareceu. A jovem foi finalmente identificada: chamava-se Florence Lawrence e, surpreendentemente, parecia estar em sua melhor forma física. O anúncio de sua morte, próximo aos atos de sideração terrorista descritos no inicio deste livro, foi nada mais que uma jogada publicitária. Significativamente, o *star-system* só triunfará realmente depois de 1914, com o novo cinema industrial, no momento em que a ilusão de ótica se confundirá não somente com a ilusão da vida, mas também com a ilusão da sobrevivência.

VÓS QUE ENTRAIS NO INFERNO DAS IMAGENS PERDEI TODA ESPERANÇA*

Na última versão do *J'accuse,* de Abel Gance, soldados mortos se levantam e desfilam em meio aos vivos em frente ao ossário de Douaumont, como aterrorizantes hologramas.

Depois de 1914, enquanto a velha Europa se cobre de monumentos em homenagem aos seus milhões de mortos, de cenotáfios e de mausoléus indestrutíveis, como o próprio Douaumont, os norte-americanos – que sofreram poucas baixas – erguem seus grandes templos do cinema, semelhantes a santuários readaptados, onde, segundo Paul Morand, o espectador experimenta uma sensação de fim do mundo em um ambiente de missa negra e de profanação. Nos últimos anos, alguns estudos foram consagrados a esses palácios do cinema, à vaga de construções da qual foram objeto em todo o mundo e, finalmente, à rapidez com que viriam a desaparecer nos anos 1960, em um fenômeno que indica claramente a necessidade histórica do cinema no período entre as duas guerras mundiais – que na verdade formam um único conflito, interrompido por uma espécie de armistício, uma pausa de apenas vinte anos.

Esses monumentos, dos quais hoje quase só restam fotografias[1], parecem menos irreais se comparados às grandes lojas de

---

* Abel Gance

[1] Francis Lacloche, *Architectures de cinémas* (Éditions du Moniteur, Paris, 1981).

70 • Guerra e cinema

departamento que abriram suas portas nas grandes cidades ocidentais um século antes e provocaram imediatamente um grande entusiasmo entre o público.

O vocabulário arquitetônico das futuras catedrais norte-americanas do cinema já se encontrava presente nessas grandes lojas: aglomerado de estilos heteróclitos, naves imensas, longos corredores, escadaria central desproporcional e, sobretudo, um imponente ambiente técnico (iluminação, elevadores, climatização...). A simples lógica do comércio é abandonada ostensivamente, pois, com a invenção do marketing, *o conjunto dos sistemas de mercadorias da jovem civilização industrial passa a manifestar-se em campos de percepção imateriais.* Aristide Boucicaut inventa o *"mois du blanc"*[2] no dia seguinte a um Natal, porque constata que sua grande loja está deserta e neva lá fora. Lançada com apoio de um forte esquema de publicidade, a novidade alcançou imediatamente o sucesso que conhecemos, atraindo uma numerosa clientela decidida a enfrentar o mau tempo, simplesmente porque Boucicaut elevou suas mercadorias a um "desses sistemas de idéias elementares e precisas que o entendimento põe de lado com os nomes que lhes damos habitualmente, assim como ocorre com os modelos aos quais relacionamos as coisas reais..."[3].

Poucos anos atrás, algumas mulheres ainda passavam a maior parte do tempo nesses monumentos, assim como outras passavam horas em estações de trens e cinemas que exibiam sessões contínuas. Estes últimos sucederam tanto às grandes lojas quanto aos antigos music-halls. Se Taine constata que, em seu século,

---

[2] O termo *"mois du blanc"*, literalmente "mês do branco", ainda é usado na França referindo-se ao período imediatamente posterior ao Natal, quando os grandes magazines substituem as mercadorias tradicionalmente natalinas por ofertas. (N. T.)

[3] John Locke.

Vós que entrais no inferno das imagens perdei toda esperança • 71

a Europa se deslocava para *ver* mercadorias, no cinema não se vende nada além de pura visão. O cinema é o lugar privilegiado de um *tráfico de desmaterialização,* de um novo mercado industrial que desta vez não produz matéria, mas luz: a iluminação dos imensos vitrais dos antigos edifícios concentra-se subitamente na tela.

"*Death is just a big show in itself*", afirmava Samuel Lionel Rothapfel, filho de um sapateiro alemão e ex-fuzileiro naval, inventor da primeira sala de cinema batizada como catedral, o Roxy[4].

Em outras palavras, os efeitos da velocidade da luz criam nesses novos templos uma outra forma de memória coletiva, uma introversão astronômica comparável à descrita por Evry Shatzmann: "Se levarmos em conta o fato de que a observação se dá por meio da luz e de que esta se propaga a uma velocidade finita, constataremos que os objetos são observados em um passado tanto mais recuado quanto aumenta sua distância espacial..."

---

[4] Conhecido como Roxy, Rothapfel convenceu o proprietário de um music-hall de Milwaukee, o Alhambra, a transformar o estabelecimento em cinema. A idéia obteve sucesso imediato e Roxy pôde criar em Nova York as primeiras grandes salas de cinema, como o Regente, o Rialto, o Capitol etc. Em 1927 foi inaugurado o Roxy, que custou 12 milhões de dólares e tinha capacidade para 6200 espectadores. Inaugurado por Gloria Swanson, o Roxy foi demolido em 1960, "após uma última homenagem à estrela, debaixo do ruído apocalíptico das escavadeiras, em uma cena digna de *Sunset Boulevard* [*Crepúsculo dos deuses*]" (F. Lacloche). Rothapfel era de origem germânica, e não podemos nos esquecer de que os alemães construíram grandes cinemas bem antes dos americanos e do restante dos europeus. Boa parte dos *Palast* alemães era anterior a 1914 e foi destruída pelos bombardeios aliados durante a Segunda Guerra Mundial. A arquitetura dos cinemas alemães dos anos 1930 era francamente inspirada nas linhas "modernas" e no dinamismo. O Lichtburg de Berlim era, como seu próprio nome indica, uma fortaleza luminosa, uma câmara escura que iluminava a cidade com seus potentes holofotes.

Ocorre uma *heroicização cinemática* em que "o trágico lirismo da ubiqüidade e da velocidade onipresente" renova o *chronos* mítico da autoctonia antiga, *esse eterno presente dos filhos da pátria, para os quais o tempo se anula incessantemente no irrevogável retorno do fim até a origem*[5]. Pode-se lembrar aqui de declarações como as de Isser Harel, o chefe do Mossad:

> Desde a criação do Estado judaico, em maio de 1948, caçar Eichmann era um dos principais objetivos dos serviços secretos israelenses, pois ele era responsável pelo destino dos nossos seis milhões de mortos... encontrar Eichmann era tanto mais imperativo pelo fato de o julgamento de Nuremberg, por razões diplomáticas, ter cuidadosamente evitado falar em genocídio judeu: nos campos de concentração foram exterminados franceses, poloneses, húngaros etc., mas em nenhum momento se disse que, em sua grande maioria, os mortos eram judeus... Logo em seguida, a realidade do holocausto foi negada, sobretudo pelo professor Faurison e seus adeptos...

Se tomarmos ao pé da letra a declaração de Isser Harel, tudo já está dito: a nova autoctonia do povo judeu baseia-se na presença viva na memória do povo de seis milhões de desaparecidos que devem reaparecer em algum lugar. A procura por Eichmann é prioritária porque ele é menos o carrasco do que o contabilista pontual do holocausto, o funcionário que "invocou o nome correto das vítimas". Negar o grande número de vítimas, como ocorreu em Nuremberg, é um ataque à existência política do Estado de Israel mais forte do que violar militarmente suas fronteiras.

---

[5] Nicole Loraux, "L'Autochtonie athénienne, le mythe dans l'espace civique", *Annales* (janeiro/fevereiro 1979).

Vós que entrais no inferno das imagens perdei toda esperança • 73

De fato, os Faurisson retomam de maneira inquietante o trabalho de desinformação empreendido pelos próprios nazistas quarenta anos antes, pois, como mostra claramente Walter Laqueur em seu livro *O terrível segredo, a solução final e a informação abafada*[6], os judeus foram pegos por uma implosão da informação que os impedia de compreender o que então se passava. Eles foram os primeiros a não acreditar em seu próprio extermínio.

Como narra o diretor de cinema Veit Harlan, Joseph Goebbels tornou-se um mestre na arte da desinformação, da propagação de rumores contraditórios – alguns até mencionavam diretamente o extermínio –, cuja transparência das fontes e documentos fotográficos visavam desvalorizar as informações verídicas – simulacro da "colonização do Leste", em que artigos e filmes mostravam a pseudo-instalação dos judeus, então descritos como colonos... Embora mais de dois milhões de judeus já tivessem sido assassinados, em 1942 a imprensa judaica na Palestina ainda encontrava motivos para se tranqüilizar em relação aos centros de educação agrícola na Polônia e em outros países, "interpretando sinais que já não tinham mais sentido", rejeitando as informações precisas por serem *por demais aterrorizantes...*[7] Ainda assim, a "leve sideração" e a anestesia

---

[6] Ver *Le terrifiant secret, la solution finale et l'information étouffée* (Éditions Gallimard) e o artigo de G. H. Rabinovitch, "La chêne de Buchenwald", *Traces*, nº 3.

[7] Goebbels era tão apaixonado pela questão da manipulação de rumores a ponto de querer produzir um filme a respeito. O projeto não seria realizado, mas o ministro do Reich continuará até o fim a inundar a imprensa, o rádio e o cinema com uma informação dramaticamente dosada, em que a "veracidade" dos documentos fotográficos serviria de suporte técnico às falsas notícias que ele queria colocar em circulação. O método é antigo, mas os nazistas souberam integrá-lo perfeitamente à sua estratégia militar, principalmente durante a campanha da França em 1940, provocando um êxodo.

74 • Guerra e cinema

psíquica das vítimas – que incapacitavam os judeus de encarar a assustadora realidade – não são procedimentos especificamente nazistas, mas antes argumentos de uma gesticulação militar ancestral, baseada em uma idéia simples: "O homem só é capaz de suportar uma determinada quantidade de terror". Essa afirmação do teórico militar Charles Ardant du Picq teve um grande peso sobre a mentalidade e o tratamento dispensado aos soldados franceses, em 1914, e sobre a sua dizimação. "A primeira vítima de uma guerra é sempre a verdade", escreveu Kipling, mas nós poderíamos dizer: a primeira vítima de uma guerra é o conceito de realidade.

A atividade dos necrófaros[8] é sempre intensa na criação ou na restauração de Estados militares e se, *para o guerreiro, a memória é a própria ciência,* não se trata de uma memória coletiva semelhante à produzida pela cultura popular, baseada na experiência comum, mas de uma memória paralela, uma paramnésia, uma localização errônea no tempo e no espaço, uma ilusão do *déjà vu.* A primeira existência do Estado é onírica, enquanto alucinação visual análoga ao sonho. Como afirmava o general Mac Arthur: "Os grandes soldados não morrem, desaparecem". Esta é uma crença antiga, pois a primeira democracia militar, em Esparta, já era fundada sobre o que se denominou "individualidades inorgânicas", um deslocamento sutil do sentido entre *o nascer e o reproduzir,* que fazia com que os espartanos fossem qualificados menos *como iguais do que como semelhantes*[9]. Por sua vez, os hebreus declararam que o estado-cidade é um *travestimento do nascimento; um campo de morte fantasiado de vida.* Em Atenas, cada guerreiro morto via renascer seu duplo,

---

[8] Relativo ao grego *"nekrophoros"*, o que transporta os mortos. O necrófaro é também um tipo de coleóptero que enterra os cadáveres dos animais antes de pôr seus ovos. (N. T.)

[9] Nicole Loraux, *Les enfants d'Athéna* (Éditions du Seuil, 1981).

Vós que entrais no inferno das imagens perdei toda esperança • 75

é a arte pela arte de morrer na guerra, a invocação agônica basta a si mesma, feliz por nascer na terra mãe, feliz por retornar a ela. A cidade antiga é formada pela reunião dos desaparecidos, antes dispersos sob os pisos dos lares e agora reunidos nas grandes necrópoles dos subúrbios. O encontro com os heróis torna-se mais trabalhoso, Hermes, o psicopompo, assegura a ligação, restituindo ao Estado seus protetores naturais. Hermes é o deus da *"hermê"*, ou seja, da pesada pedra utilizada especialmente para cobrir o túmulo, a câmara escura, "estela ática que faz surgir o próprio morto em um quadro vivo".

A sensação de uma presença entre as pedras tumulares, a chama que se mantém acesa e o culto aos heróis são crenças e práticas universais, tanto asiáticas quanto nórdicas: foi o que se viu em 1979, no Irã, quando o aiatolá Khomeini planejou a proclamação da "República Islâmica" naquela imensa necrópole do sul de Teerã, onde estavam enterradas as vítimas de diversos enfrentamentos que enlutaram a cidade ao longo de um ano. Nas cerimônias fúnebres dos combatentes do IRA, não são mais as esposas ou as mães que se cobrem de preto, mas os próprios combatentes, com seus capuzes. Os heróis são aqueles que perdem os traços reais, que escapam à memória sensível de seus próximos e familiares, presentes e ainda assim desconhecidos, como a multidão de 18 bilhões de pessoas mortas ou vivas que os mórmons norte-americanos (a Igreja de Jesus Cristo dos Santos dos Últimos Dias) decidiram recensear para batizar. Indo de cidade em cidade, através da Europa e do mundo, os mórmons arquivam em microfilmes todos os registros civis que encontram e armazenam as informações em um abrigo antiatômico instalado a mais de 200 metros de profundidade, nas Montanhas Rochosas, necrópole em que o filme substitui o corpo, *por toda a eternidade...*

Ainda mais recentemente, em maio de 1981, um dos primeiros atos do presidente Mitterrand no início do novo Estado socialista francênorte-s consistiu em uma celebração icônica ambígua.

Voltando deliberadamente as costas para a multidão parisiense em delírio, Mitterrand preferiu tornar-se um filme para milhões de telespectadores. Atribuindo-se o papel do antigo psicopompo, ele foi visto circulando com uma rosa na mão pelos corredores do Panthéon, diante das câmeras cuidadosamente espalhadas. Caminhando da sepultura de Jean Jaurès à de Jean Moulin, Mitterrand transformava a telinha em tela do além-túmulo. Se Mendès-France afirmava que a História não é cronológica, Mitterrand nós lembrava que as tecnologias de comunicação não são necessariamente atuais, mas, ao contrário, antigas e retrógradas.

Abel Gance não se deixou enganar e escreveu, em 1927, ao terminar seu *Napoléon*: "Todas as lendas, toda a mitologia e todos os mitos, todos os fundadores de religiões e todas as religiões em si esperam sua *ressurreição luminosa*, e os heróis se acotovelam em nossas portas para entrar". Gance observa ainda: "E lá estamos nós, por um prodigioso flash-back, de volta ao tempo dos egípcios... A linguagem das imagens ainda não está pronta, porque *ainda não somos feitos para ela*. Ainda não há respeito suficiente, ou culto, pelo que as imagens exprimem".

Quando Gance escreveu essas linhas a propósito dos hieroglifos, o túmulo de Tutancâmon tinha acabado de ser descoberto no Vale dos Reis (1922). A fabulosa descoberta e mesmo as buscas foram cercadas por um grande aparato publicitário, graças principalmente ao repórter fotográfico norte-americano Burton, que cobriu todo o acontecimento. É notória a influência do "estilo egípcio" sobre o cinema – no mobiliário, na decoração, na arquitetura das salas e na imagem de atores como Rodolfo Valentino, verdadeiro sósia do jovem faraó. Mais do que isso, a inestimável descoberta funerária nos lembra que toda arte é como a morte, uma inércia do instante e, portanto, uma *mudança de velocidade na ordem do tempo vivido*. Se os egípcios já viviam *em videoteipe* – "viviam

Vós que entrais no inferno das imagens perdei toda esperança • 77

como se fossem morrer amanhã e construíam como se fossem viver eternamente" – é porque, assim como Cleópatra, que fundou a "sociedade das vidas inimitáveis", eles tinham consciência de que, uma vez que tudo passa, eles viviam dias inimitáveis. Quando Agnès Varda avalia que a luminosidade dos impressionistas corresponde a uma certa idéia de felicidade, é sem dúvida porque eles foram os últimos a captar essa intensidade do instante em suas pinturas, ou seja, a luz solar como expressão do tempo, reagindo assim contra a pintura de ateliê, marcada pela iluminação fixa e artificial. Pouco depois, o motor cinemático precipitaria o declínio da antiga arte pictórica (quadro no cavalete, comercialização de retratos) porque ela era a restauração de um culto solar tardio. Quando declara que o *cinema é colocar um sol em cada imagem,* Gance está apenas repetindo, três mil anos depois, o canto de Akhenaton: "O sol cria milhares de aparências...".

Tudo neste mundo solar destina-se à velocidade. O próprio túmulo contém os instrumentos da dromologia, veículos técnicos, carros, naves; o soberano morto é representado com os braços cruzados sobre o peito, segurando o chicote e o freio simbólicos. O além não interrompe os dias do faraó: se, após a partida da alma (o que anima), o corpo torna-se inerte, a ambição da arte egípcia não é tanto vê-lo continuar a mover-se, mas sim que para ele *tudo continue a mover-se.* O "realismo" egípcio é essencialmente uma tentação cinemática. A partir daí, preparar o próprio túmulo torna-se um prazer dromoscópico para o futuro ocupante, como para a milionária norte-americana, que foi enterrada em seu Cadillac e agora "dirige com o túmulo aberto". Compreende-se que o eventual passageiro mobilize meios consideráveis, materiais e técnicos, comparáveis aos exigidos pelos preparativos de uma conquista distante, de uma expedição de destino ignorado. A própria representação pictórica já é um esboço dromoscópico, uma vez que seu procedimento de construção é sistemático: trata-se da justaposição de episódios autônomos em que o procedimento habitual "dois + um" é concebido como *um ritmo imposto à retina humana,* sendo a animação produzida pelo que os egípcios chamavam de *vitalidade luminosa.* Este conceito demonstra até que ponto os egípcios dominaram o problema anatômico da percepção e da produção da aparência, não como um dado, mas como uma *operação ativa do espírito,* princípio que bem mais tarde seria redescoberto por pintores como Seurat (e o *divisionismo*) e Kandinsky, ou por cineastas como Gance, que entendia que *é preciso falar primeiro aos olhos.* No Egito, não existe simetria, mas equivalências; as paredes são paredes de imagens, faixas de calcário pintadas de alto a baixo, onde desfilam figuras "em ação", o que nos aproxima, uma vez mais, da definição de cronofotografia: "Imagens sucessivas representando as diferentes posições que um ser vivo ocupa no espaço a uma distância qualquer e em um momento dado"[10].

Esse movimento, que é um movimento de retirada, remete diretamente à amostragem etnológica. Enquanto o sonhador moderno não reconhece e reprime seus sonhos, como observa Jean Duvignaud[11], o sono paradoxal e o devaneio, cultivados como atividades principais, são essencialmente exprimíveis nas sociedades antigas: "fazer *kabary*", diziam os pastores de Madagascar ao pé do Mandraka. "*Rökut pit*" (sono ausente) é usado pelos Joraï para designar os que adormeceram, mas "*rökut*" designa quem não está em casa, aquele que está realmente viajando.

---

[10] E. J. Marey.

[11] Jacques Dournes, *Forêt, femme, folie* (Éditions Aubier-Montaigne, 1978). Em *La terre et les rêveries de la volonté,* Bachelard observa que o sonho se explica pelo sonho, cadeia de imagens oníricas que podem corresponder a um encadeamento na vida durante o estado de vigília. Ver também Jean Duvignaud, François Duvignaud e Jean-Pierre Corbeau, *La banque des rêves* (Éditions Payot, 1979).

Estirado sobre a esteira *como um morto*, se o Joraï sonha é porque o *"böngat"* saiu para passear, *e é exatamente essa viagem que fornece ao nativo inerte as imagens do sonho e, mais tarde, de uma narrativa impossível de ser situada no espaço geográfico e no tempo astronômico.*

Estamos mais uma vez diante de práticas universais. Na Renascença, quando a invenção da imprensa desencadeia na Europa a revolução da *leitura silenciosa,* a paramnésia da narrativa onírica, muitas vezes religiosa (pode-se pensar também no nascimento do romance, em que os heróis invariavelmente encontravam-se viajando ou caminhando em um universo ilimitado), não passa mais pela reunião e pela troca da palavra, mas pela reprodução industrial, pela estandartização. Em poucas décadas, milhões de livros seriam editados, prefaciando a futura difusão da fotografia, do cinema e, hoje em dia, da eletrônica. A inovação da *leitura silenciosa* fez com que cada um acreditasse que o que estava escrito era verdadeiro, porque no momento da leitura se tem *a ilusão de que se é o único a ver* o que está escrito, assim como o sonhador inerte estabelece previamente equivalência entre a vigília e o sono paradoxal. Existem numerosas afinidades entre o instante da escrita e o instantâneo fotográfico, cada um deles se inscrevendo menos no tempo que passa do que no tempo de exposição. A impressão institui uma nova interface técnica, em que o meio de comunicação retém e desacelera o imediato para fixá-lo em um tempo de exposição que escapa à duração diária e ao calendário social, aprofundando a separação entre o instrumento de transmissão e nossa capacidade de assumir a existência presente. Se oferecemos um livro novo a duas crianças, a que o lerá por último terá seu prazer comprometido. O mesmo acontece com aqueles que, no metrô, lêem o jornal por sobre o ombro de seu vizinho: este último ficará incomodado com idéia de dividir uma leitura que, na realidade, é feita por dezenas de mi-

80 • Guerra e cinema

lhares de pessoas naquele mesmo momento. Contrariando a afirmação de Robespierre, a história e sua leitura não são *um passado carregado de "a-presente"*, mas sim, pelo próprio fato de sua transmissão midiática, uma viagem por um tempo vazio e, logo, heterogêneo[12].

É da abusiva assimilação da leitura dos signos por um saber, e mesmo pela totalidade de um saber, que nasceu o imperialismo do quarto poder, aquele de uma imprensa e de meios de comunicação que participam diretamente da duração atípica própria das técnicas de transmissão. Quando a imprensa fala de sua *objetividade,* ela facilmente pode nos levar a crer em sua *veracidade*: se compararmos um jornal a um livro, a atual superioridade do primeiro sobre o segundo consiste exatamente em não possuir um *autor,* tanto que o leitor pode atribuir a autoria a si mesmo como uma verdade que ele será o único a conhecer, atribuí-la a si mesmo como verdadeira porque crê em seus próprios olhos. Vê-se aqui por que os jornalistas e seu estilo anônimo adquiriram um grande poder em todas as áreas editoriais, como também em todos os campos da política, no cruzamento das mídias, ao passo que a imprensa opinativa, a partir de 1914, começava a desaparecer na França, com seus polemistas e grandes escritores-repórteres, como Dumas, London ou Kipling, para quem o romance é realmente *um espelho que passeia em uma estrada*[13]. É evidente que os meios de comunicação à distância tomaram progressivamente o lugar da "*anima*" e que, desde então, o motor (duplo projetor, ao mesmo tempo produtor de velocidade e propagador de imagens) conta a viagem e fornece as imagens do sonho... como o automóvel, que faz "com que a cabeça do viajante exploda sob a pressão de todas as imagens truncadas

---

[12] Walter Benjamin.
[13] Stendhal.

que retemos e que tentam em vão se recompor..."[14], pois os primórdios da transformação dinâmica provocam a dissipação das estruturas visuais. Escreveu-se a respeito de *Outubro,* de S. M. Eisenstein e G. Alexandrov (1927): "A tensão interna no filme, o fluxo interno da montagem desencadeiam perturbações tão fortes que nenhuma determinação lógica parece possível... desprovida de ancoragem espaço-temporal, a legilibilidade das figuras é questionada por um número de planos tão elevado que se torna impossível memorizá-los..."[15]. A mixagem tecnológica generalizada realiza, de fato, o "continuar a mover-se" do sonhador etnológico inerte em sua esteira e pode converter-se facilmente em religião ou culto de substituição, tese que Servan-Schreiber retomará inconscientemente em uma obra recente, *Le Nouveau défi,* que é mais um ato de fé, uma aposta pascalina do que uma perspectiva minimamente racional. Podemos, com efeito, questionar uma salvação social baseada em técnicas avançadas *desprovidas de qualquer verossimilhança,* um panteísmo logístico imaterial. O tempo de exposição da leitura silenciosa desaparece no olho anatômico da câmera, provocando nos países desenvolvidos uma enorme onda de analfabetismo: os jogos eletrônicos renovam a antiga *sideração leve,* porque agora se trata *menos de compreender que de ver.* Da mesma forma, o grande público já não se interessa tanto pelos esportes de equipe (ciclismo, futebol etc.) e prefere esportes como o tênis. Geralmente transmitidas ao vivo, partidas em que uma bolinha de contornos irregulares cruza a quadra de um lado para o outro, durante horas, reproduzem a tela eletrônica em que o usuário controla figuras sintéticas que não se parecem com nada.

---

[14] Octave Mirbeau, *La 628-E-8* (Éditions Fasquelle, 1905).

[15] Michèle Lagny, Marie-Claire Ropars e Pierre Sorlin, *La révolution figurée* (Éditions Albatros, Paris, 1979).

Como os antigos vitrais das catedrais, sobre os quais observou Paul Claudel: "Todas estas cores reunidas, todos estes pontos diversos, nada permanece imóvel". No século XIII, Guillaume Durand escrevia sobre os vitrais de Chartres, então considerados uma inovação técnica: "Os vitrais são escrituras divinas que vertem *a claridade do verdadeiro sol*, ou seja, o sol de Deus na igreja, ou seja, no coração de todos os homens..." Tudo o que é visível aparece na luz, nós acreditamos em nossos olhos e a luz nos parece indistintamente como a *verdade do mundo*. Se, no começo do século XX, as salas de cinema foram comparadas às catedrais é porque estas últimas já consistiam, por si sós, em salas de projeção solar cuja criação pareceu tão impressionante quanto a criação dos cinemas. A demolição das catedrais interviria da mesma forma quando surgiu, no final do século XVII, e muito antes da Revolução Francesa, um novo iluminismo, o do *século das luzes*, prelúdio ao cientificismo que marcará o século XIX. Não nos esqueçamos que, desde a Antiguidade, a liturgia é um *serviço público* que acumula a organização logística das expedições distantes, das cerimônias religiosas determinadas pelas autoridades espirituais e, por fim, dos espetáculos enquanto "efeitos especiais" (*deus ex-machina*). Parafraseando Heidegger, diríamos que Cristo está morto na catedral, já que o novo santuário pretende expor a ciência, imediatamente e em sua totalidade, ao poder do mundo, sem se preocupar se está misturando as disciplinas da existência humana (povo, costumes, Estado, guerra, poesia, pensamento, crença, doença, loucura, morte, técnicas...). Antes de tornar-se cátedra da totalidade, o santuário cristão foi fortaleza, *bunker* e igreja fortificada para quem se unia a ele, porque todas as capacidades, forças e aptidões se aplicavam e se intensificavam pelo, no e enquanto combate... Costuma-se dizer que é difícil, talvez impossível, imaginar o comportamento dos cristãos da Idade Média na nova igreja, mas hoje também já não é possível imaginar exatamente o comportamento dos cinéfilos dos anos 1930, ou até mesmo dos anos 1950, acotovelando-se diante das catedrais do cinema do Estado militar.

***

"Eu atribuo a origem de Hollywood à Primeira Guerra Mundial", afirmava Anita Loos. A cidade-cinema da era militar-industrial (Cinecittà, Hollywood) sucede à cidade-teatro do estado-cidade antigo. No início, os estúdios e as salas de projeção eram construídos nos subúrbios, como as antigas necrópoles, pois o teatro ainda era empiricamente reconhecido como detentor do direito à *cidadania*, fonte de relações vivas, ao passo que o *cinema mudo* era marginal e destinava-se a uma população ainda não integrada e nem mesmo naturalizada: proletariado migrante e iletrado, escondido nos limbos da periferia.

O transe cinematográfico – assim como o transe do combatente – baseia-se em um certo sofrimento social, o da redução a uma vida cotidiana nos subúrbios superpovoados onde se misturam – sem se confundir ou alcançar uma fraternidade cívica – o Oriente e o Ocidente. Não importa de que maneira, a população visada é a mesma: o "conglomerado sociológico informe" do proletariado militar-industrial, convocado indiferentemente à fábrica ou à guerra no momento em que a "ameaça bolchevique" se estende de Munique às portas da Índia, e em que os norte-americanos se perguntam todos os dias se os russos já estariam acampados em Paris.

Paradoxalmente, o cinema vai satisfazer o desejo dos imigrantes por uma pátria estável, e mesmo eterna, e se tornará para eles um novo direito à cidadania. A técnica cinematográfica substitui a religião da cerâmica pelo videoteipe cinemático, um Walhalla estandartizado, com suas imagens de vários tipos de acontecimentos, objetos e personagens. A sala de cinema não é uma nova ágora, um fórum destinado aos habitantes da cidade, onde se reúnem os migrantes vindos de todo o mundo: o cinema está mais próximo de um cenotáfio, e sua capacidade essencial, manifesta em seus vastos templos, é uma formalização social obtida por meio da ordenação do caos da visão, fenômeno que faz do cinema uma verdadeira missa negra necessária à nova autoctonia do país em plena anarquia demográfica. Marcel Pagnol, em suas memórias, mostra esta penetrante infalibilidade do raio cinematográfico:

> Em um teatro, mil espectadores não podem sentar-se no mesmo lugar e, portanto, pode-se afirmar que nenhum dentre eles assistirá à mesma peça. Para visar corretamente seu público, o autor dramático deve empunhar sua espingarda de caça e carregá-la com mil balas para atingir, com um só tiro, mil alvos diferentes. O cinema resolve esse problema, pois o que cada espectador vê, onde quer que esteja sentado na sala (ou em um território onde existam milhões de espectadores), é exatamente a imagem que a câmera focalizou. Se Carlitos olha a objetiva, sua imagem olhará de frente todos os que a observam, quer estejam à esquerda, à direita, em cima ou embaixo... Não há mais mil espectadores (ou milhões, se juntarmos todas as salas), *mas apenas um único espectador, que vê e escuta exatamente o que a câmera e o microfone registram.*

J. F. C. Fulier dizia que *todo indivíduo, homem ou mulher, é um alvo nervoso em potencial.* Foi exatamente a precisão do tiro-câmera que, na origem do cinema, criou pânico entre os espectadores durante as "demonstrações de movimento" dos irmãos Lumière, com a famosa chegada do trem na gare de Ciotat, quando cada um tinha a sensação de poder ser pessoalmente esmagado ou ferido pelo trem. Esse tipo de crença, que provinha das impressões de velocidade buscadas nos parques de diversões e trens-fantasma, não desapareceu, pois a familiaridade torna o medo mais pernicioso. A partir do momento em que aprende a controlar suas reações nervosas, o público começa a ver a morte como algo divertido; nos *westerns* a morte seria cada vez mais comum, e logo se começou a contabilizar as mortes, exatamente como ocorre nos comandos militares, onde o número elevado de mortos e o desgaste das tropas e dos equipamentos eram vistos como um sinal de talento e de personalidade dos comandantes, ou até como uma prova da ortodoxia de sua arte. Indo mais além, o duelo da dupla homicida-suicida (hetero ou homo) – que é a própria essência da guerra e de suas peripécias – é indefinidamente reproduzido, reiterademente reprisado pelo cinema militar-industrial e transforma-se de tal maneira em um modelo que chega a subverter rapidamente os costumes ancestrais. O sociólogo Lewis Feuer observa que a sobrecarga emocional do *western* modificou completamente a mentalidade asiática – no drama ritual oriental clássico, os *bons* são geralmente derrotados pelos *maus* –, *instaurando uma nova filosofia da história no Oriente*[16] com a noção de *guerra justa*.

No momento em que Wells publica sua *Máquina do Tempo,* o *"Hale's Tour"* coloca os espectadores na posição de agressores, lançando-os em uma sala de 15 metros de profundidade em que as cadeiras são posicionadas nos dois lados de um corredor central, exatamente como em um vagão de trem que viajasse em alta velocidade. O próprio filme, com cenas tomadas da parte de trás ou da frente de uma locomotiva atravessando paisagens acidentadas, era projetado em uma tela colocada no fundo da sala, à maneira de um pára-brisa. O complexo era em geral financiado por empresas de transporte e de armamentos que não tardariam a se destacar no primeiro conflito mundial.

Pouco tempo depois, V. Bush constataria que os milhares de jovens que dirigiam carros e se interessavam por mecânica,

---

[16] "A Critical Evaluation", in *New Politics.*

eletrônica e motocicletas encontravam-se, sem perceber, em verdadeiros campos de treinamento militar. No momento oportuno e em pouquíssimo tempo, esse treinamento poderia se transformar em habilidade para construir o complexo aparelho de guerra. As salas de cinema são igualmente campos de treinamento que criam uma unanimidade agonística insuspeitada, ensinando às massas como controlar o medo do desconhecido ou, como dizia Hitchcock, do que sequer existe. O cineasta afirmava que "nós criamos a violência essencialmente a partir de nossas lembranças, e não a partir do que vemos diretamente; assim como na infância o espectador preenche por conta própria as lacunas e a própria mente com imagens que ele inventa posteriormente...".

Mais tarde, o ensaísta John A. Kouwenhoven publicaria uma obra cujo tema seria: "O que a América tem de americano", e ali se perguntava que fator comum conseguia reunir nesse país "sintomas" tão diferentes como: arranha-céus, chicletes, linhas de montagem, desenhos animados, beisebol etc. De fato, o cinema militar-industrial encheu-se desse amontoado de signos e de informações para compor a unidade nacional, mas principalmente o perfil da personalidade de cada novo cidadão. Aliás, a contra-espionagem aliada lançará mão de questionários baseados nesse tipo de relação aparentemente heteróclita para desmascarar possíveis membros da 5ª Coluna nazista infiltrados nos Estados Unidos ou na Inglaterra. Durante o segundo conflito mundial, o militar americano enviado à Europa encontraria em sua bagagem esse mesmo amontoado de sintomas: Bíblia, chicletes, papel higiênico... Depois da guerra, a tradição continua com os Liberty-ship, força e fraqueza de um exército que, ao perder o apoio logístico da percepção, se torna incapaz de enfrentar uma campanha difícil, como na África do Norte, em 1942/44, com Eisenhower, na Coréia e, em seguida, no Vietnã.

Vós que entrais no inferno das imagens perdei toda esperança • 87

Após 1914, o *star-system* utilizará esses mesmos *gatilhos que* "oscilam entre zonas acima do universo das coisas práticas e abaixo das forças desencarnadas que animam as coisas"[17]. No início, as grandes produtoras americanas e os diretores mostravam-se violentamente contra a formação de um estrelato cinematográfico semelhante ao já existente no teatro. Quando a existência nominal dos atores é finalmente admitida, eles serão considerados os "semelhantes" do *star-system*: perdem seus traços reais, como os heróis antigos, escapam à memória imediata dos seus próximos e familiares e, graças a uma seleção arbitrária de traços comuns, tornam-se individualidades inorgânicas que podem ser reproduzidas indefinidamente e que, mesmo em suas vidas privadas, não podem desviar-se da localização paramnésica que lhes é determinada por contrato: a gravidez ilegítima de Ingrid Bergman (a virgem Joana d'Arc!) e sua ligação com Roberto Rosselini provocaram uma interpelação no Senado norte-americano em plena Guerra da Coréia, antes de arruinar a carreira da atriz em Hollywood.

O cinema começa já na fachada de seus palácios, onde os nomes das estrelas são escritos em letreiros iluminados. O cinema é "como esse esplendor da vida que se encontra ao lado de cada ser, invisível, distante e, entretanto, presente. Basta que o invoquemos pelo nome certo, pela palavra certa, e ele virá; essa é a essência da magia", observa Kafka em seu diário, em 1921.

Na medida em que faz parte do universo isolador da percepção indireta, a estrela de cinema compõe uma figura icônica que não pode ser comparada à *presença em carne e osso* da criação teatral. Ela é a vestal desse *sol em cada imagem* ao qual Gance se refere, guardiã de um lar nacional cuja iluminação intensa não pode ser comparada a nenhuma outra. E terá um destino semelhante ao da antiga sacerdotisa: ceder a paixões demasiado humanas e amar o amor mortal representa o fim de sua própria imortalidade, o começo de

---

[17] R. Arnheim.

um *emparedamento*, o qual a censura e as ligas puritanas ou políticas se encarregarão de reforçar diligentemente. Desde 1914, quando o cinema passa a ter seu papel cívico evidenciado, ele é posto em regime de liberdade vigiada e instala-se um sistema de regulação da produção cinematográfica, segundo os métodos de desinformação empregados na propaganda de guerra.

Falsos rumores, revelações tardias, tráfico de personalidade, embargos, processos, delação, inquisição, caça às bruxas... nos quais o terror do inimigo comunista ou nazista se mistura ao terror da droga, à proibição do álcool e do sexo. Nos Estados Unidos, Will Hays, ex-membro do gabinete Harding, é chamado pelos próprios produtores para tornar-se patrono da censura cinematográfica dos anos 1920. Às ligas religiosas, cívicas ou familiares vêm se aliar os altos funcionários da polícia, membros do exército, a imprensa de Hearst, agentes antidroga etc. Depois das listas negras e da tragédia do macarthismo, o relatório da Comissão Trilateral de 1975 denuncia os "intelectuais e os artistas" como marginais e irrecuperáveis. Esse documento também advoga a limitação estratégica do crescimento econômico no mundo e denuncia a progressiva deterioração do modelo democrático baseado na célula familiar, tal como ainda a concebem muitos norte-americanos... A partir de então, Hollywood perdia sua razão de ser.

Aqui impõe-se ainda a comparação com o universo teatral, com as vedetes de music-hall ou as divas que seguiam ostensivamente "carreiras imorais" de cortesãs, como no caso de Sarah Bernhardt, fichada na França como prostituta... Paradoxalmente, Sarah estaria na origem da fortuna de Zukor, que comprou dos ingleses, por 28 mil dólares, o filme *Queen Elisabeth* [*Elisabeth, rainha da Inglaterra*] e exibiu-o em Nova York, no dia 12 de julho de 1912, *em um teatro especialmente alugado para esse fim*. A campanha publicitária do evento dava a entender que o público poderia contemplar *por visão direta* o corpo da célebre atriz.

Apostando na confusão entre presença carnal e cinema, Al Lichtman continuou a alugar diversos teatros nos Estados Unidos para a projeção do filme. Esse novo tipo de golpe rendeu cerca de 80 mil dólares a Zukor, permitindo-lhe iniciar uma carreira de produtor... Esses produtores logo iriam impor, por contrato, às estrelas exibidas na tela uma dissimulação de suas vidas privadas, comparável à reserva recomendada aos homens de Estado. Algumas delas, como Greta Garbo – que amava John Gilbert publicamente, diante das câmeras –, guardariam para sempre o medo de qualquer olhar mais próximo.

A notoriedade da mulher-estrela – obtida facilmente, enquanto as mulheres e os negros norte-americanos têm de lutar para conseguir o reconhecimento de seus direitos civis – nos faz lembrar que, no momento da fundação ou da restauração de qualquer Estado Militar, e amalgamando-se à sua intensa atividade necrófora, sempre se produzem trocas e delegações de poderes entre guerreiros masculinos e esposas logísticas[18],

---

[18] Nas migrações e nos enfrentamentos, a mulher, controlada e adestrada pelo homem, assegura o transporte, permitindo que o caçador se especialize no duelo homossexual, ou seja, na função de matador de homens, de guerreiro. Os conflitos, que até então eram restritos devido à deficiência de mobilidade dos grupos étnicos, podem então estender-se a vastos espaços, e a mulher em combate permite que o guerreiro avance e assegure o comando, fornecendo-lhe suas armas. Graças à invenção deste primeiro rebanho, o macho passa a ter o que em termos militares é chamado de uma boa capacidade de deslocamento. Neste nível, até a domesticação do cavalo, os grupos heterossexuais serão tão temidos quanto as associações homossexuais. Assim, por duas vezes a mulher ajuda o homem a vir ao mundo: primeiro, em seu nascimento, e mais tarde transformando-o em guerreiro. Com sua dupla função de primeiro meio de transporte da espécie (durante a gravidez e a infância) e primeiro "apoio logístico", a mulher funda a guerra isentando o caçador de sua manutenção, o que explica, por exemplo, que o sonho militar grego se situe principalmente em Atenas, bem além da oposição masculino/feminino ou do irrealismo sexual dos séculos XIX e XX.

ou seja, entre a reprodução natural da antiga ginecocracia – em que o parentesco é, na maior parte do tempo, matrilinear – e todas as técnicas de conservação e reprodução das novas cidades-estados, indo da fortaleza conhecida como "mãe" até as matrizes industriais bélicas e, finalmente, ao cinema militar-industrial. Ainda aí, a amostragem etnológica está presente, sempre análoga. E, já mais perto de nós, vemos recomeçar essas séries de trocas na Europa da Idade Média, no momento da fixação feudal, principalmente com o advento da Lei Sálica.

Nessa época, a mulher desempenhava um papel ambíguo nas narrativas; ela emana de um sítio mais ou menos movediço, incerto e perigoso, água, floresta impenetrável, talvez mágica... Se ela encontra aí o parceiro masculino é porque este se desgarrou em um meio desconhecido, no qual a mulher está à vontade, e, de certo modo, é senhora. Na lenda Joraï, a mulher é fada e caçadora, é ela quem confecciona as iscas, tece as redes e as armadilhas em que a caça ou o inimigo serão capturados. Ainda que caçadora, a mulher Joraï não participa do massacre da caça ou da guerra, deixando ao macho o papel definitivo de matador. No momento da ereção estratégica da fortaleza ou da cidade, a mulher conserva ainda seu poder tático. Um velho ditado normando afirma que "não existe uma só fortaleza em que a mulher não tenha primeiro colocado a mão ou o pé". É possível lembrar Vivian ou a Mélusine, de Lusignan, mulher-fada-animal que projetou sua fortaleza em um terreno que se faz imenso graças às suas armadilhas topológicas, ou ainda daquela outra encantadora que é encontrada em um bosque por um cavalheiro e que consente ficar com ele, desde que nunca seja pronunciada a palavra morte.

"Esses traços comuns, simples e precisos", dos quais fala John Locke a propósito da conotação do isolamento, ainda se encontram aqui presentes, como em tantos outros modelos dos quais se desconhece até mesmo a procedência...

Vós que entrais no inferno das imagens perdei toda esperança • 91

No romance cortês, o corpo da mulher logo é completamente assimilado à cidade-fortaleza e a suas armadilhas, pois ela mesma será considerada uma "caixa de surpresas e de estratagemas", podendo fazer durar, indefinida e indiferentemente, o combate amoroso, o duelo heterossexual e a guerra.

***

Assim como a antiga cidade colonial adotava indistintamente os deuses dos povos conquistados ou vizinhos, Hollywood atrai e adapta os talentos do mundo ocidental, sempre à espreita de modelos abstratos porém visualmente perceptíveis, necessários à programação dos diversos traços comuns de um *star-system* universal: Louise Brooks, a fatal Lulu, personagem principal de *Die Büchse der Pandora* [*A caixa de Pandora*], de Pabst (1928), descrita por Lotte Eisner como essa "singular criatura terrena dotada de beleza animal", é um dos mais antigos médiuns da mulher-fada e da imortal Pandora, criatura de Hefestos, deus do fogo e das forjas, detentora da *caixa fatal* que contém tanto a felicidade quanto as desgraças dos homens, mas que guarda em seu fundo a esperança.

No fim da Idade Média, Joana d'Arc, tão popular em Hollywood, já representava a cristalização desses sintomas universais, mostrando-se extremamente poderosa, a ponto de modificar o destino de uma guerra de cem anos. Inicialmente pastora, ou seja, também habitante dos bosques e dos prados, ela será admitida como estrategista com uma facilidade que até hoje nos surpreende, mas que, como vimos, era etnologicamente concebível em sua época. Uma estrategista de 17 anos, a quem se confia um exército e a quem os príncipes obedecem, mas que vai ao combate sem armas e não participa da matança dos homens, à maneira Joraï. Tendo, ao contrário, um imenso cuidado com sua aparência transexual, Joana d'Arc vai sublimar seus instrumentos guerreiros (armadura, cavalo, estandarte) em instrumentos de reconhecimento, intervindo energicamente no desenrolar das batalhas, nesses campos de percepção ocasionais que, desde sua origem, são locais privilegiados dos estímulos rápidos, dos *slogans* e dos logotipos que *seriam* empregados mais tarde no *design* comercial e no cinema industrial.

O destino de Joana d'Arc será exatamente igual ao da antiga mulher estrategista: depois da restauração do Estado-exército em Reims, ela será vendida, julgada e condenada à fogueira como feiticeira – ou seja, fada-ocasião – e deste modo seria retratada na obra shakespereana. Donzela de Orléans ou Artemis remetem à abstinência sexual e à uniformidade de um modelo casto. Foram justamente esses critérios de semelhança que, em 1949, precipitaram a desgraça de Ingrid Bergman, ilegitimamente grávida, um ano depois de ter vivido Joana d'Arc no cinema.

***

Depois da guerra civil e da conquista do Oeste, os americanos colocaram na cena e em cena seus "heróis verídicos" do Sul ou do *Far West* precariamente pacificados, como Calamity Jane, Buffalo Bill, Sitting Bull etc. Depois de 1914, e também durante a Guerra Fria, numerosos combatentes irão reeditar suas conquistas diante das câmeras, servindo-se de seus títulos militares e de suas condecorações para fazer carreira no cinema, como ocorreu com Audie Murphy. Quando, enfim, um veterano de Hollywood chega a disputar a Presidência dos Estados Unidos, surge a idéia de organizar um grande show televisivo durante a campanha eleitoral, uma estranha festa político-militar que contaria com a participação de autênticos sobreviventes do último conflito mundial, como o general Bradley, misturados a sobreviventes de Hollywood, a imitadores e sósias de políticos. O próprio Reagan, sentado em um trono e ao lado

Vós que entrais no inferno das imagens perdei toda esperança • 93

de sua mulher, presidia esses jogos delirantes, dignos de Lewis Carroll ou de Monty Python.

Depois de sua eleição, em janeiro de 1982, Reagan pediu a seu amigo Charles Wick – um milionário californiano, diretor da *Voz da América* – que organizasse o "maior show desde a criação do mundo". As vedetes seriam uma dúzia de chefes de Estado ou de governo. Cada um deles leria uma mensagem exprimindo a solidariedade de seu país com o povo polonês e o repúdio ao regime do general Jaruzelski e ao domínio soviético na Polônia. As mensagens, um tanto austeras, seriam amenizadas pela presença de cantores, músicos e atores, como Frank Sinatra, Charlton Heston, Kirk Douglas, Bob Hope etc., em um programa transmitido via satélite para todos os Estados Unidos e o mundo, durante o que foi chamado de um "final de semana de solidariedade" organizado pelos ocidentais.

A transmissão para a América do Norte acarretaria um grave problema e necessitaria da intervenção do Congresso. A *Voz da América,* que produziu o programa, é uma velha agência de propaganda que não tinha direito de transmissão dentro dos Estados Unidos. Apesar dos impedimentos legais, o Congresso autorizou a transmissão.

Em março de 1983, o presidente Reagan assinava a "*National Security Decision Directive 75*". Ainda que não divulgada oficialmente, a resolução foi publicada resumidamente pelo *Los Angeles Times.* O autor principal é Richard Pipes, antigo conselheiro no Conselho de Segurança Nacional para assuntos da URSS.

A "*Directive 75*" determina, entre outras coisas, o esboço do "Projeto Democracia", que consiste em um grande esforço de propaganda desenvolvido paralelamente às medidas de sanção econômica e ao esforço militar dos Estados Unidos. Para esse fim, *a administração reivindicou 85 milhões de dólares de crédito em filmes, livros e meios de comunicação,* com o objetivo de promover a democracia em geral e especialmente os sindicatos livres, principalmente na Europa Ocidental e Oriental. Mais uma vez o Congresso não deixou de formular sérias reservas ao projeto, logo superadas na votação final[19].

Em 1982, a agência soviética Tass qualificou a operação *Let Poland Be Poland* de tele-subversão preparada pela Casa Branca e de ato de provocação. Sem que ninguém se desse conta, o presidente Reagan levou com ele, à cúpula terrificante do poder mundial, um velho estoque de materiais perceptivos, uma réplica fiel das cenas e dos métodos pragmáticos pertencentes ao passado de Hollywood. Ator de filmes "série B", Reagan foi testemunha de acusação nas reuniões do Comitê de Atividades Antiamericanas que precederam ao célebre processo dos "Dez de Hollywood" e, em pleno macarthismo, presidiu a poderosa Liga dos Atores. Com a *"Directive 75"*, Reagan prepara um novo tipo de violação de fronteiras apoiado em seu saber cinemático, instalando simultaneamente os euromísseis e uma nova força audiovisual, uma potente logística da imagem destinada a integrar de maneira ainda mais estreita o subúrbio Europa ao sistema de segurança norte-americano. Mais do que um remanejamento, trata-se de um complemento indispensável à *"Power Projection"*, no momento em que M. Weinberger insiste, no relatório orçamentário norte-americano, sobre a fragilidade geográfica dos Estados no mundo.

Com essa desneutralização dos meios de comunicação Leste/Oeste, sem dúvida caminhamos em direção a uma outra Yalta ou a um novo Estado mundial. Se, no século XIX, Ratzel escrevia que a guerra consiste em fazer suas fronteiras passear pelo território alheio, é certo que com a difusão mundial do "Show Reagan" nós assistimos a uma tentativa de superação dos antigos rituais de fundação do Estado. O ator que se tor-

---

[19] *Cahiers d'études stratégiques*, nº 1, CIRPES. Documentação de Janet Finkelstein.

Vós que entrais no inferno das imagens perdei toda esperança • 95

nou presidente passa a conferir a estrelas, como Sinatra ou Charlton Heston, um status de imortais da Cidade, ou seja, um poder político realmente fundador do Estado norte-americano e de sua empreitada cultural sobre o mundo. Apesar da mobilização, um dia depois da transmissão de *Let Poland Be Poland*, um jornalista escreveu: "O *show de Reagan não teve casa cheia*". O programa de 500 mil dólares obteve um sucesso limitado, e o espetáculo, que dava uma curiosa impressão de final de festa, foi ignorado pela multidão de telespectadores, que voltaram as costas para as vedetes do cinema e da política.

A expressão empregada pelo jornalista não foi menos interessante do que o show, pois compara *o mundo a uma só e única sala de projeção*, como se "o maior show desde a criação do mundo" fosse ao mesmo tempo o menor espetáculo, assinalando a *impostura de imediatez* denunciada pelo teólogo Dietrich Bonhoeffer, a uma só vez crise das dimensões e da representação.

2. Soldados ingleses nas trincheiras, em 1917. "Na medida em que o campo de batalha era visto a olh nu, não existia conjunto, extensão, largura, profundidade, dimensão ou forma: o campo não era con posto por nada. Nessas condições, cada grupo de soldados continuava a travar sua própria batalha e uma feliz e oportuna ignorância da situação geral, freqüentemente na ignorância do fato de que um batalha violenta está se desenrolando." Kinglake.

D. W. Griffith em visita às trincheiras do Somme, no início de 1917. Griffith foi o único cineasta [c]il autorizado a ir ao front rodar um filme de propaganda, *Hearts of the World*. Mas os combates que [o c]ineasta desejava filmar o decepcionaram, pois os soldados raramente viam seus próprios adversários.

4. Gabriele d'Annunzio, co-roteirista de *Cabiria*, em parceria com Pastrone, ao retornar de uma missão aérea durante o primeiro conflito mundial.

6. Equipamento móvel de fotografia aérea e campanha. Exército norte-americano, 1918.

5. Câmera instalada em um tripé de metralhadora, interagindo com as defesas do avião. A empunhadura da arma é colocada sob a câmera fotográfica.

7. A fotografia e a observação aéreas foram as melhores fontes de informação durante a Primeira Guerra Mundial: pode-se ver aqui a montagem de uma foto-mosaico a partir de fotografias obtidas por u[m] piloto; a montagem é comentada por ele ao retornar da missão.

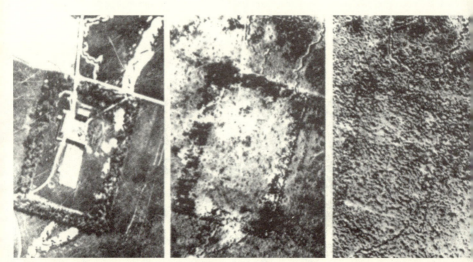

8. Seqüência de fotografias mostrando a destruição progressiva de uma fazenda durante a Primei[ra] Guerra Mundial (Exército norte-americano).

Jogo de cartões-postais formando uma caricatura do Kaiser (1914-18).

10. No filme *Hell's Angels*, produzido e realizado entre 1927 e 1930 por Howard Hughes, Jane Harlow recompensa o piloto sobrevivente.

1. O cineasta Jean Painlevé rodando um filme de *cinemacrofotografia*, em 1930.

2. O capitão A. W. Stevens, da Força Aérea norte-americana, durante uma filmagem, em 1929.

13. Logotipo da 20th Century Fox. Observe-se a importância dos holofotes e da projecção luz depois da Grande Guerra.

14. Projeto de cinema monumental com tela tripla, realizado pelo arquiteto espanhol Fernandez Shaw em 1930, ou seja, cinco anos antes dos faustos de Albert Speer em Nuremberg. Observe-se pelo desenho que se trata de um drive-in para automóveis e aviões.

5. Chegada do piloto Howard Hughes a Bourget, depois de sua viagem ao redor do mundo, em 1938.

6. Em 9 de junho de 1939, o major Goddard apresenta o material de filmagem militar norte-americano. No segundo plano, um avião B 18.

A IMPOSTURA DO IMEDIATISMO*

Com a invenção da telegrafia ótica, que começa a ser utilizada em 1794, o mais longínquo campo de batalha podia interferir quase que imediatamente na vida interna de um país, alterá-lo completamente do ponto de vista social, político ou econômico... Já se trata da instantaneidade própria da ação à distância. Desde então, numerosas testemunhas puderam constatar que os lugares desaparecem continuamente, os espaços geográficos encolhem em função do progresso da velocidade e, pouco a pouco, a localização estratégica perde importância para a deslocalização dos vetores e sua performance, em um fenômeno telúrico e técnico que nos introduz em um universo topológico artificial, expresso pelo *face a face* de todas as superfícies do globo[1].

Depois da guerra de movimento das forças mecanizadas, passa-se a uma estratégia fundada em movimentos brownianos, uma homogeneização geoestratégica anunciada no final do século XIX pelo inglês Mackinder, em sua teoria do "World Island" [mundo ilha], em que os diversos continentes se contraem em um só (pode-se pensar aqui na recente guerra das

---

* Dietrich Bonhoeffer
[1] Paul Virilio, *Vitesse et Politique* (Paris, Éditions Galilée, 1977). [ed. bras.: *Velocidade e política*, São Paulo, Estação Liberdade, 1996]

Malvinas, em que a distância não constituiu um obstáculo diante da vontade de contração antártica dos britânicos). Com as grandes exposições, universais ou coloniais, já não são os viajantes que se deslocam para lugares distantes, mas é o distante enquanto tal que se apresenta diante deles, instantaneamente, sob a forma de uma série de maquetes mais ou menos obsoletas. A revolução dos transportes caracteriza-se menos pelo desejo de exotismo do que por um novo endotismo: romper com o ambiente circundante por meio da velocidade da viagem a *países de sonho* é fazer desaparecer a viagem, é nem mesmo saber que se está viajando.

As empresas Disney (consultadas pelos franceses para a realização da fantasmática Exposição Universal de 1989) retomam essa idéia com a "Disneyworld" e, mais tarde, com o EPCOT Center (Protótipo Experimental da Comunidade do Amanhã) – "*nova cidade de concepção revolucionária onde tentaremos resolver* os problemas de comunicação e de meio ambiente com os quais se depararão os habitantes das cidades futuras...", afirmou Walt Disney em 15 de novembro de 1965, na memorável entrevista coletiva realizada nos salões do hotel Cherry Plaza, em Orlando. Disney morreria subitamente treze meses mais tarde, quando as escavadeiras já haviam começado a trabalhar nos 11 mil hectares de pântanos da Flórida adquiridos em 1964, superfície de área superior à de São Francisco.

Significativamente, após a morte de Disney, seus colaboradores decidiram resolver os "problemas de comunicação" da cidade do futuro construindo o "*Show Case of the World*", no qual presente, passado e futuro se interpenetram, para onde convergem os diversos continentes, alinhados na estreita margem de um lago artificial e representados por uma coleção de resíduos visuais de monumentos e objetos verdadeiros. As dimensões das construções e dos meios de transporte são reduzidas em até cinco vezes em relação à escala natural e nem mesmo

A impostura do imediatismo • 109

os trens e automóveis, fielmente reproduzidos, são encontrados em seu tamanho *real,* fato que, na visão de Disney, é responsável pela criação do *sonho:* o "saber cinematográfico" renova aqui a negação estratégica das dimensões.

Quando os letreiros dos cinemas dos anos 1930 exibiam o *slogan:* "A volta ao mundo em oitenta minutos", já se tinha a certeza de que o desenvolvimento do filme se sobrepunha à geoestratégia que, havia um século, conduzia irresistivelmente a uma comutação imediata de coisas e dos lugares e cedo ou tarde, portanto, à sua desintegração. Em 1926, no "Hall das Nações" da Paramount, em Nova York, Adolf Zukor teve a idéia de reunir os destroços e as amostras de ruínas coletados pelo mundo todo, como se procurasse reunir as últimas testemunhas de um universo físico desaparecido nos efeitos especiais das máquinas de comunicação. Os milionários norte-americanos, como John D. Rockefeller Jr., seguirão o exemplo, incorporando à arquitetura moderna detalhes arquitetônicos autênticos recolhidos em igrejas ou castelos medievais — enquanto as marcas funerárias deixadas pelos astros na calçada do Grauman's Chinese Theatre de Hollywood, já evocam os *negativos humanos* da era atômica.

***

Ainda hoje, apesar do acúmulo de documentos, informações e filmes, os jovens recrutas perguntados sobre esse assunto afirmam que *não conseguem imaginar o que pode ser a guerra.*

Como no caso do soldado inexperiente que olha de longe o campo de batalha antes de enfrentá-lo pela primeira vez e, impressionado com o que vê, "*acredita estar ainda diante de um espetáculo*", como escreve Clausewitz em um belo capítulo de *Von Kriege* [*Da guerra*]. Mas o soldado terá de abandonar o calmo ambiente campesino e aproximar-se progressivamente do que pode ser definido como o *epicentro dos combates,* atravessando sucessivas regiões em que a densidade do perigo só aumenta. Estrondo de canhões, zumbido de projéteis, tremor de terra, cada vez mais companheiros tombados à volta do soldado, mortos ou instantaneamente mutilados, "sob essa tempestade de aço em que as leis naturais parecem suspensas, onde o ar estremece em pleno inverno como nos dias abrasadores de verão, em que o ofuscamento faz dançar aqui e ali os objetos imóveis"[2]. É o fim incompreensível de um sentimento estático do mundo. "A partir de um certo ponto", constata Clausewitz, "a luz da razão se move para um outro centro e se reflete de uma outra maneira."[3] A capacidade de percepção e raciocínio não servem mais ao soldado, e ele deve manifestar esta virtude militar que consiste em

---

[2] Ernest Jürgen, *Orages d'acier* (*In Stahlgewittern*) (Paris, Éditions Christian Bourgois, 1970).

[3] Em entrevista ao *Cahiers du Cinéma* (nº 311), Samuel Fuller argumentava que seria impossível filmar o desembarque da Normandia, já que não se pode filmar decentemente metros de intestinos espalhados em uma praia... Ainda que os mortos não causem uma boa impressão quando fotografados (vide as fotografias de atentados e de acidentes automobilísticos), a brincadeira de Fuller é suficiente para demonstrar que os filmes do cinema militar-industrial não podem ser decentemente filmes de terror já que, de uma maneira ou de outra, sua principal função é embelezar a morte. Além disso, o desembarque dos aliados colocou mais uma vez o problema do realismo no testemunho filmado: de fato, hoje todos sabem que não havia metros de intestinos nas praias da Normandia e que, enquanto batalha, o próprio desembarque foi uma operação técnica notável e difícil de obter sucesso, menos em razão das forças alemãs – quase inexistentes no local –, mas devido às condições meteorológicas desastrosas e, ainda, em razão da complexidade da paisagem normanda. Por esses motivos, para fazer número, os comandantes aliados lançaram seus homens em operações tão espetaculares quanto suicidas, como a tomada da ponte de Hoc... Isto, antes que Zanuck utilizasse cinqüenta atores, vinte mil figurantes e seis diretores assistentes para rodar, em 1962, seu documentário ficcional na ilha de Ré ou na Espanha, em praias mais espetaculares que as de Arromanche, imortalizando assim uma batalha que não aconteceu efetivamente. *The longest day* [*O mais longo dos dias*] obteve grande sucesso comercial.

A impostura do imediatismo • 111

acreditar que ele será um sobrevivente, apesar de tudo. Ser um sobrevivente é permanecer ator e espectador de um cinema vivo, continuar a ser o alvo de um bombardeio audiovisual subliminar ou *iluminar* por si mesmo os adversários, como costumam dizer os soldados. Tentar, enfim, adiar a morte, último acidente técnico, *separação final entre a película som e a película imagem*[4].

Durante a Segunda Guerra Mundial, eu me vi, ainda criança, na iluminação dos bombardeios estratégicos e, mais tarde, presenciei uma série de combates terrestres em companhia de um ex-oficial de artilharia que havia sobrevivido ao primeiro conflito mundial. Aí pude me dar conta da facilidade com que uma pessoa experiente podia vencer racionalmente essa barreira subliminar e ser capaz de situar e materializar no espaço as dimensões atmosféricas de uma batalha, além de antecipar as posições que as partes envolvidas deveriam adotar. Em suma, meu velho amigo me descreveu com alegria o *roteiro* da batalha que um aprendiz como eu encarava como *efeito especial*, aquilo que os jovens recrutas do Exército norte-americano, ao ocuparem postos avançados e perigosos, traduziam tão bem pela expressão: "Nós vamos ao cinema!".

***

Depois de 1945, essa artificialidade cinemática da máquina de guerra iria, uma vez mais, se perpetuar em novos espetáculos. Quando o território francês foi libertado, assistiu-se à inauguração de museus de guerra por toda parte, nos mesmos locais onde ocorreram os desembarques e as batalhas, e vários foram instalados em antigas fortalezas ou *bunkers*. Nas salas principais desses museus geralmente são expostas diversas relíquias do último conflito militar-industrial: equipamentos já superados, velhos uniformes, condecorações, fotografias amareladas...

---

[4] William Burroughs.

Ali também são projetados cinejornais da época e documentos militares. Em seguida, o público, sempre numeroso, é convidado a entrar em uma grande sala sem janelas, concebida como um planetário. A arquitetura desse tipo de salas assemelha-se a um simulador de vôo (ou automobilístico), digamos que se trate de *simuladores de guerra*, nos quais o visitante supostamente se veria na situação do espectador-sobrevivente do campo de batalha: a escuridão em volta dele é quase total, a costa distante, imitando a curvatura do horizonte marítimo, ilumina-se por trás do vidro de um grande pára-brisa panorâmico, contra o qual se precipitam várias seqüências de acontecimentos representados por vagas fulgurações, silhuetas esquemáticas de aviões ou veículos, clarões de incêndio... Como se o documentário fosse "realista" demais para reproduzir a pressão dos movimentos abstratos e surpreendentes da guerra moderna, recorre-se aqui à velha técnica do diorama, que valoriza o campo visual e dá ao espectador a ilusão de ser projetado em uma imagem que praticamente não tem mais limites. Se pensarmos nos mausoléus-cinemas ou nas salas atmosféricas dos anos 1930, perceberemos aí um novo transbordamento da realidade imediata através da paramnésia cinemática da máquina de guerra, no momento exato em que começam a multiplicar-se pelo mundo os "espetáculos de som e luz", inventados algumas décadas antes pelo neto do célebre ilusionista Robert Houdin – essa espécie de museu ao ar livre, em que o passado é reinjetado em lugares reais (templos, castelos, paisagens) à força de projetores, equipamentos de som, brumas artificiais e, mais tarde, grafismos a laser. É possível lembrar ainda das *freedom lands* americanas, onde se podia ver a "velha Chicago" desmoronar e ressurgir das chamas em apenas vinte minutos, ou participar da guerra civil e escapar com dificuldade no momento exato em que tiros cinza-azulados estouram à nossa volta. Estando superexposto ao tempo, o suporte material é desqualificado em beneficio da luz artificial, ele não é nada mais do que um portal crepuscular, e o próprio público já não tem certeza se as ruínas são reais ou se as paisagens não são simplesmente uma simulação, imagem caleidoscópica de destruições mais generalizadas.

Os locais escolhidos para a instalação dos museus da Segunda Guerra Mundial nos lembram também que os túmulos-fortalezas, os torreões e os *bunkers* são, antes de mais nada, câmaras escuras; as janelas afuniladas, as aberturas longilíneas e as frestas são concebidas para *clarear apenas o exterior* da construção, deixando o interior na penumbra. Com ajuda de estreitos buracos de visão, o sentinela e o artilheiro atentam – bem antes do pintor de cavalete, do fotógrafo ou do cineasta – para a necessidade de um *enquadramento básico*. "Vê-se bem melhor o inferno através de uma fresta do que se poderia avistá-lo de uma só vez *com os dois olhos*", escrevia Barbey d'Aurevilly, descrevendo o piscar de olhos necessário tanto para o tiro quanto para a mira, o mesmo piscar de olhos mensageiro sedutor, tão em moda nos anos 1930, que aumenta a impressão de profundidade do campo visual em detrimento de sua extensão, como revelam as recentes experiências sobre a percepção anartoscópica:

> Não é suficiente saber que olhamos através de uma fenda, é igualmente necessário ver a fenda, e, em certas condições, o observador pode até mesmo inventá-la. Seja como for, fica demonstrado que a forma da abertura determina a identificação dos objetos percebidos e que a busca visual é um dos elementos constitutivos da percepção anartoscópica de uma figura em movimento...

De modo mais simples, podemos dizer que a obscenidade do olhar militar lançado sobre o ambiente que o cerca e o mundo –

114 • Guerra e cinema

a arte de ocultar-se do olhar para ver – não é apenas um voyeurismo de mau agouro: ela comanda, desde a origem, uma ordenação duradoura do caos da visão, que prefigura as maquinações sinóticas da arquitetura e, depois, da tela de cinema. Mira, ângulo de visão, ângulo morto, ponto cego, tempo de exposição: a linha de mira prenuncia a linha do horizonte da perspectivação do quadro do pintor de cavalete, que é também engenheiro militar e poliorcético, como Dürer ou Da Vinci.

A partir do século XIX, com o desenvolvimento de tomadas de vistão que nada mais são do que tomadas de guerra da vista – códigos de interpretação destinados a estabelecer a identidade tridimensional de imagens em duas dimensões –, assiste-se a uma releitura do campo de batalha, mas também a um aumento considerável da impotência e da obscenidade do comandante militar, em risco sempre crescente de ser visto e destruído. Para escapar ao reconhecimento aéreo bidimensional, realizado por balões cativos que alcançam entre 400 e 500 metros de altitude, as construções militares e as fortalezas vão se enterrar na terceira dimensão, lançando o adversário nos delírios da interpretação. Invisível, enfiada em grandes profundezas, a *camera obscura* torna-se cega e surda. No século XIX, as relações dela com o resto do país dependem apenas da logística da percepção, das técnicas de comunicação subterrâneas, aéreas e elétricas. Aí já se coloca o problema da *terceira janela*[5] ou de *como iluminar o ambiente sem vê-lo*. A partir de então, a estratégia se dissimula nos efeitos especiais das máquinas de transmissão:

> Instalados nos abrigos profundos, protegidos por invólucros, os *aparelhos de projeção* inventados pelo general Mangin podem transmitir a um raio maior do que oitenta quilômetros. A luz emitida por uma potente lâmpada a óleo é concentrada em uma

---

[5] Paul Virilio, *Bunker archeologie* (Paris, Éditions CCI, 1975).

A impostura do imediatismo • 115

lente graças a um espelho côncavo. Essa lente é munida de um obturador móvel que permite obter um facho fixo, curto ou demorado correspondentes ao ponto e ao traço do alfabeto Morse. (École du Génie Français, 1887).

Desde essa época, as paredes internas dos postos de comando dos *núcleos centrais* transformam-se em paredes de imagens, mapas quadriculados de teatros de operação ainda próximos, cobertos pela animação perpétua de um reconhecimento abstrato que reproduz os mínimos movimentos das tropas... Por volta de 1930, alguns países, como a Grã-Bretanha, abandonarão os meios de defesa convencionais para dedicar-se à pesquisa da percepção: é o início da cibernética, do radar, o progresso da goniometria, da microfotografia e, como vimos, do rádio e das telecomunicações. Durante a última guerra mundial, as salas dos *bunkers* de comando e dos gabinetes de guerra não estariam necessariamente nas proximidades dos campos de batalha, mas em Berlim ou em Londres. Comparáveis às vastas salas de espetáculos, são rebatizadas como "óperas de comando" em um conflito que se transformou, ele mesmo, em *Space Opera*.

Privados da extensão espacial real, esses núcleos de interação, que reúnem uma infinidade de informações e de mensagens recebidas via rádio e transmitidas no sentido inverso para o universo que lhes é próprio, renovam a inércia do antigo *Kammerspiel* submetido à pressão do tempo. Contudo, a sensação de *carga negativa* é tão traumatizante nesses *habitats* assépticos, e a representação visual e sonora é tão reduzida, que, na época da operação "Seelowe" contra a Inglaterra, Hitler decide criar efeitos de ressonância acústica em seu QG de Bruly-le-Pesch para ter uma sensação mais grandiosa, uma profundidade de campo artificial que combata a miniaturização do poder técnico, essa redução a nada do espaço e do tempo, incompatível com a expansão imaginária do *Lebensraum* nazista.

17. Adolf Hitler ensaia seu gestual de orador público.

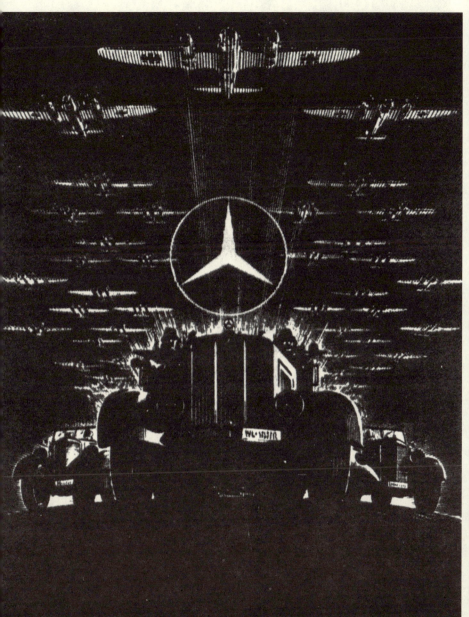

8. Publicidade, *Journal Signal*, 1941.

19. Publicidade inglesa para os abrigos antiaéreos, 1941.

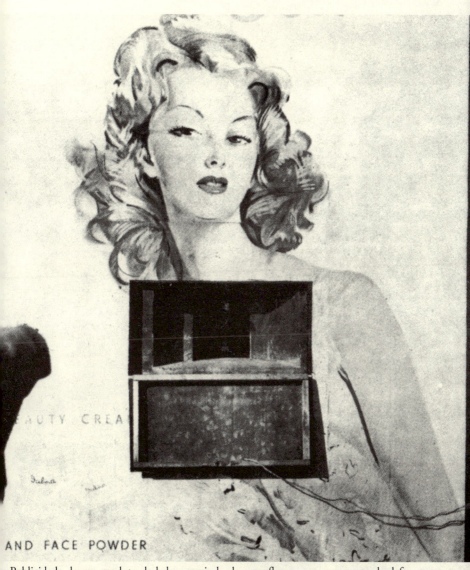

. Publicidade de um produto de beleza servindo de camuflagem para um posto de defesa na costa britânica, 1940.

1. Holofote antiaéreo alemão. Segunda Guerra Mundial.

2. População inglesa refugiada em um túnel do metrô londrino.

. Câmera instalada na torre dianteira de um
bombardeiro Lancaster, em 1943.

4. Fotografia noturna do bombardeio de Essen, em 4 de abril de 1943. Os efeitos especiais, que os pilotos aliados chamavam de *véu de prata*, são resultado da intensa defesa antiaérea alemã.

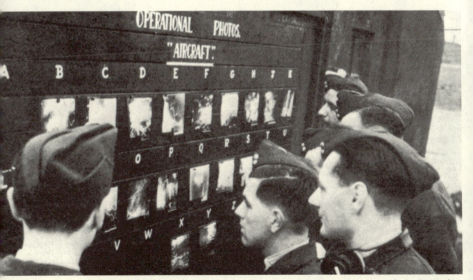

5. Depois de um bombardeio noturno na Alemanha, em 1943, os pilotos britânicos da Path-Finder-Force observam o resultado de sua missão.

26. Quadro de missões de reconhecimento aéreo norte-americano.

27. Troca de câmeras no nariz de um bimotor norte-americano F5-Mount Farm, Inglaterra, 1º de julho de 1943.

O piloto embarca
seu bimotor.

(I) Ensaios de sincronização entre a velocidade da câmera e a velocidade do avião. É fundamental certificar-se, antes da decolagem, de que o disparo da arma e o filme da cinemetralhadora estão devidamente sincronizados. Depois da decolagem, o intervalo entre os tiros das armas de bordo determina automaticamente os intervalos entre os disparos da câmera, deixando o piloto livre para conduzir o avião. Bount Farm. (II) Resultado do filme-teste.

30. Plano de vôo e de fotografias de um *Spitfire*.

Notificações de direção e altura das fases de vôo, para garantir uma boa cobertura fotográfica do objetivo militar.

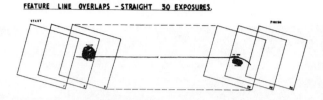
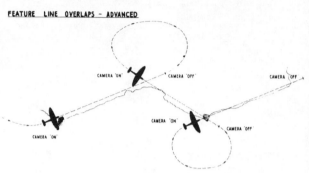

2. Oficiais norte-americanos examinam a ampliação de filmes de reconhecimento aéreo tirada de uma Multiprinter Williamson, nos laboratórios de Mount Farm. Inglaterra, 1º de julho de 1943.

33. Filme de cobertura aérea da Noruega. Lentes de 142 graus, 1943.

. Sistema de câmeras Trimetrogon (duas câmeras oblíquas e uma vertical) instalado a bordo de um 17 da Força Aérea norte-americana.

. Cinegrafista limpa o vidro de proteção da objetiva de uma câmera oblíqua Trimet a bordo de um B 17.

36. O Hughes XF11. Protótipo de um avião de reconhecimento projetado por Howard Hughes 1944. Dois anos mais tarde, Hughes sofreria um acidente ao testá-lo em Beverly Hills.

37. Laboratório fotográfico de campanha do Exército norte-americano. Chattanaoga, 1940.

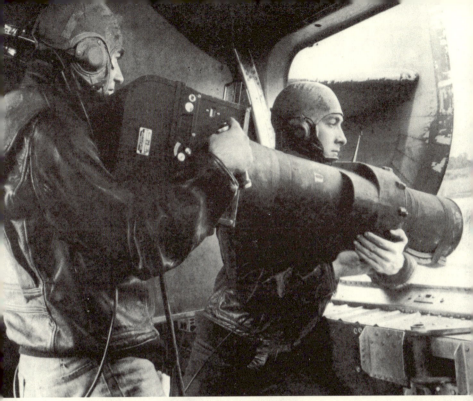

8. Instalação de uma câmera em um Liberator. Guadalcanal, 1943.

9. Pequeno laboratório da Marinha norte-americana instalado em Redonva, nas ilhas Salomão. A camuflagem indica a proximidade do front. Junho de 1943.

. Laboratório de Guadalcanal. Oficial entrega
...los de filmes militares para serem destruídos.

1. Oficial norte-americano interpreta as fotografias do bombardeio de 24 de agosto de 1944 em
Weimar-Buchenwald. As construções em destaque são consideradas seriamente danificadas. O campo
de concentração, no canto superior direito, não foi atingido.

O CINEMA FERN ANDRA

Quando, depois de 1916, os Estados Unidos finalmente decidem participar da guerra, todos que trabalhavam em Hollywood foram tomados por um verdadeiro delírio patriótico, relata Jesse Lasky[1]. Passa-se facilmente da ficção cinematográfica à ficção da guerra. Cecil B. De Mille é o capitão improvisado e o contingente do estúdio forma a "Lasky Home Guard". Todas as quintas-feiras à noite, fanfarra à frente, a grande família do cinema desfilava pelo Hollywood Boulevard armada com fuzis cenográficos e usando uniformes retirados da seção de figurinos do estúdio. A senhora De Mille e Mary Pickford transformavam-se em belas enfermeiras e percorriam as ruas da cidade espantadas por não encontrarem feridos... Em Wall Street, Fairbanks e Chaplin discursavam para imensas multidões que nem mesmo os ouviam, pois na época só se podia dispor de um simples megafone para falar ao grande público. A ausência do som não incomodava uma multidão habituada tanto ao cinema mudo quanto ao mutismo dos chefes de Estado. Subjugada pela mímica dos atores, a multidão se separava de seus dólares em benefício do esforço de guerra, como *jamais havia sido feito por nenhum político*[2].

---

[1] Kevin Brownlow, *Hollywood*.
[2] Ibidem.

Quando Cecil B. De Mille rodou seu filme bíblico *Os dez mandamentos,* dizia-se que ele próprio havia se tomado por Deus conduzindo o povo judeu. A ditadura que ele exercia sobre as pessoas ao seu redor e principalmente sobre a multidão anônima de figurantes, cuja vida ele gostava de colocar em perigo, estava muito próxima da possessão. Tudo isso levou De Mille a adotar uma atitude divinatória, uma espécie de infalibilidade carismática originada essencialmente no conhecimento prévio de roteiros que, por vezes, sequer existiam. Para toda uma geração de cineastas taumaturgos, o trabalho de direção, mesmo improvisado, havia assumido literalmente um caráter de *revelação,* ação de um Deus que revelava aos homens verdades que eles seriam incapazes de descobrir por si próprios.

Nesse mesmo momento, começa a surgir na Europa Ocidental e na União Soviética uma nova raça de comandantes militares e de revolucionários, líderes históricos e outros, que exerceriam sobre as massas o mesmo efeito carismático que a geração de cineastas e atores taumaturgos. Esses homens anunciavam a *era transpolítica*: o poder real passava agora a dividir-se entre a logística das armas e a logística das imagens e dos sons, entre os gabinetes de guerra e os escritórios de propaganda. Como temia Abel Ferry, já em 1914, o poder parlamentar havia desaparecido. "A propaganda é a minha melhor arma!", dizia Mussolini. Eis como Rosavita descrevia o Duce: "Vai César! Tua tarefa está terminada: de César surge Benito Mussolini, forte e potente como a História jamais mostrou; *a vontade dele tem algo de sobrenatural, divino, milagroso, como o Cristo entre os homens...*" (trecho de *Reencarnação de César: o predestinado,* 1936). Tão inesperada quanto essa caracterização é a resposta de Hitler que, na intimidade, dizia que seu grande modelo histórico não era Bismarck, como se podia supor, mas Moisés!

Talvez não tenhamos compreendido suficientemente que esses ditadores taumaturgos já não governavam, mas *comportavam-se como diretores.*

Em seu discurso final durante o julgamento de Nuremberg, Albert Speer declararia:

A ditadura de Hitler foi a primeira ditadura de um Estado industrial, uma ditadura que, para dominar seu próprio povo, serviu-se com perfeição de todos os meios técnicos... dito isto, não se pode responsabilizar unicamente a personalidade de Hitler pelos acontecimentos criminosos desses anos. *A desmedida de seus crimes poderia também se explicar pelo fato de que, para cometê-los, Hitler foi o primeiro a saber servir-se dos meios oferecidos pela técnica.*

O cinema foi um destes meios.

***

"Atravessando Munique de carro, no outono de 1939, Hitler descobriu que seu cinema favorito, o 'Fern Andra', havia trocado de nome, o que o deixou extremamente furioso"[3].

Ao observar atentamente as multidões que se espremiam para celebrar as missas negras do cinema, Hitler declara em 1938: "As massas têm necessidade de ilusão, elas precisam de ilusão também fora do cinema e do teatro, do lado sério da vida, elas já têm o suficiente". O "lebensraum" nazista será menos a realização dos grandes projetos políticos de Bismarck – que formam o pano de fundo do discurso de Hitler – do que uma ampliação das dimensões da tela de cinema para as dimensões do continente europeu, um face a face de todas as superfícies para um povo "a quem o cotidiano e o ordinário freqüentemente causam horror, um povo fascinado pela tentação do inabitual..."[4].

---

[3] Testemunho de Rudolf Hess, p. 401, *Journal de Spandau,* de Albert Speer. Austríaca como Hitler, a atriz Fern Andra foi popular no tempo do cinema mudo. A sala fora rebatizada de "O Atrium", em 1938.

[4] Leni Riefenstahl.

Hitler profana nada mais do que o realismo cotidiano, e a própria natureza de seus crimes permanece incompreensível se nos esquecermos de seu extraordinário conhecimento técnico nos campos da direção teatral, da trucagem, do mecanismo de alçapões e cenas giratórias e, sobretudo, das diferentes possibilidades de iluminação e de manejo de refletores.

"Talvez Hitler não fosse o grande homem de Estado que víamos nele", observa seu ministro Albert Speer, "mas ele era e continua a ser um psicólogo como jamais vi igual. Mesmo enquanto comandante supremo das forças armadas, ele se preocupava mais com a eficácia psicológica de uma arma do que com a sua força operacional." Devem-se a ele, entre outras conquistas técnicas, a instalação de sirenes nos Stukas e o aperfeiçoamento das cargas explosivas dos mísseis A4.

Segundo o escritor Jay Doblin, Hitler era também o *maior criador de logotipos de sua época:* o desenho da suástica, por exemplo, desencadeia fortes conotações afetivas, não se confunde com nenhum outro símbolo e é de uma simplicidade que ainda continua a impressionar, como provam as pichações[5]. O próprio Hitler, segundo a descrição de pessoas que lhe eram próximas, tinha certo poder de sugestão hipnótica: "Sabíamos que alguma coisa era falsa, mas como era ele que dizia, ela se tornava verdadeira", constata o diretor Veit Harlan. Ele lembra ainda o interesse do Führer pelo faquirismo, suas relações com Hanussen e esta conversa com Emil Jannings a respeito de sua própria segurança:

---

[5] Rudolf Arnheim ressalta, porém, que o desenho abstrato da suástica apoiava-se fortemente em um sólido contexto explicativo. Ele lembra que, durante a visita de Hitler a Mussolini, Roma estava literalmente coberta por bandeiras nazistas e que, na ocasião, uma jovem italiana observou horrorizada: "A cidade foi invadida por aranhas pretas!".

Veja, senhor Jannings, quando estou diante da multidão e discurso para ela, minha respiração ocorre por inalação. Nessa fase, meu poder de defesa está em plena atividade... jamais atirarão contra mim, será assim enquanto eu quiser, enquanto eu manter funcionando meu poder de dissuasão.

Harlan relata que, em seguida, ele começou a observar Hitler com uma curiosidade sem limites e a refletir sobre as possibilidades que a respiração dá aos atores, e constatou que o poder hipnótico do Führer se aplicava apenas à vida real, não se manifestava nas imagens e não tinha efeito em suas inúmeras aparições em documentários cinematográficos.

Para realizar seu projeto político, Hitler precisou do auxílio de cineastas e de homens de espetáculo, mas sobretudo de homens capazes de transformar o povo alemão em uma massa de *visionários comuns,* "obedecendo a uma lei que eles nem sequer conheciam, mas que podiam recitar em sonho"[6]. Assim, enquanto no New Deal, Roosevelt lança mão do rádio e do cinema para decretar a "guerra do mercado doméstico" e assim reativar a máquina de produção industrial norte-americana, Hitler coloca em cena os milhões de desempregados alemães para lançar a guerra como superprodução. Alguns farão a guerra para ganhá-la, mas o povo alemão e seus líderes já se movem em um universo "onde nada mais tem sentido, nem o bem nem o mal, *nem o tempo nem o espaço,* e onde o que os outros homens chamam de sucesso não pode mais servir como critério"[7].

Em 1934, Hitler pede a Leni Riefenstahl para rodar *Triumph des Willens* [*O triunfo da vontade*]. O Führer coloca à disposição da jovem cineasta um orçamento ilimitado, uma equipe de 130 técnicos e 90 operadores de câmera (instalados em eleva-

---

[6] Joseph Goebbels, 1931.
[7] Idem.

dores, torres e plataformas construídas especialmente para a ocasião). Todo esse aparato é mobilizado para registrar o congresso do Partido Nacional-Socialista que seria realizado em Nuremberg, durante uma semana, e cujo objetivo era difundir para o mundo o mito nazista através de um filme de uma amplitude sem precedentes. Amos Vogel observa a esse respeito:

> O aspecto mais espantoso desse gigantesco empreendimento está na *criação de um universo artificial que parece absolutamente real,* tendo como resultado a produção do primeiro e mais importante exemplo já realizado de um *documentário autêntico* sobre um acontecimento completamente encenado. Ficamos absolutamente desconcertados ao saber que esse enorme congresso, com seu um milhão de figurantes (número superior a qualquer outra superprodução), foi organizado tendo em vista a realização de um filme...

Em seu *Hinter den Kulissen des Reichs-Parteitag-Films,* Leni Riefenstahl escreve:

> Os preparativos para o congresso foram realizados simultaneamente à produção do filme, ou seja, o evento foi organizado de maneira espetacular, não só do ponto de vista de uma reunião popular, como também de modo que fornecesse *matéria* para um filme de propaganda... *tudo foi determinado em função da câmera...*

Por outro lado, Hitler encarrega o arquiteto Albert Speer de construir os cenários "reais" de sua superprodução política. Inicialmente nomeado inspetor-geral de arquitetura, Speer iria tornar-se o grande projetista da guerra total depois da morte de Fritz Todt, em 1942.

No entanto, essas duas funções são menos contraditórias do que pode parecer, conforme o próprio Speer esclarece em 1938, em sua *Teoria sobre o valor das ruínas.* Nessa obra, ele atribui ao arquiteto uma função cinemática análoga à do comandante militar, ou seja, a capacidade de determinar em uma construção *o que deve durar naquilo que se move*. Erguer uma construção é, no mínimo, prever a maneira como ela será destruída, a fim de obter um tipo de ruínas que depois de milênios "inspirarão tantos pensamentos heróicos como os modelos antigos". Naquele mesmo ano, Hitler e Speer, sem dúvida impacientes para ver o futuro cenário da tragédia na qual trabalham, ordenam a demolição do centro de Berlim que, antes de transformar-se em campo de batalha, torna-se prematuramente um campo de ruínas.

As obras arquitetônicas de Speer, inspiradas nos projetos ciclópicos de Boullée ou nas Termas de Caracala, não deveriam durar mais do que os cenários de cinema, como os utilizados em *Intolerance*, embora tenham sido considerados "muito caros para serem demolidos". Speer logo deixa de construir, contentando-se em *projetar sua arquitetura*: quando Hitler pede a ele para projetar a perspectiva gigantesca do grande campo de comícios de Zeppelinfeld, em Nuremberg, ele substitui as colunas de pedra de seus primeiros esboços por colunas de luz, com 150 holofotes de DCA apontados para o céu, dando ao público a impressão de estar em um teatro hipostilo de 6 mil metros de altura, destinado a dissipar-se no espaço com os primeiros raios da aurora.

***

Quando finalmente a Europa começa a ser iluminada pelos flashes da guerra relâmpago [Blitzkrieg], os estúdios alemães continuam a gravar os filmes sentimentais pelos quais o público havia se apaixonado antes mesmo da chegada dos nazistas ao poder, ainda que Goebbels pretendesse um cinema realista de *fortes traços populares*. As comédias musicais, os *heimatfilme* (filmes que exaltavam a vida no campo e o homem alemão "simples e vigoroso") e os espetáculos de som e luz se multiplicam, provando que existe um cinema de *retaguarda*, mas que o *cinema-vivo dos imortais da Cidade* é o "front de aço" das tropas e carros de assalto de Guderian e de Rommel, o *isóbaro guerreiro que renova os ritos de fundação da Fortaleza Europa, a Festung Europa*.

O poder velou por isso: o exército alemão passou a contar com um cinegrafista em cada uma de suas unidades. Esses operadores de talento e coragem serão bem-sucedidos onde Griffith fracassou, em 1914, pois cada regimento tinha sua *PK* (Companhia de Propaganda), uma coordenação entre cinema, exército e propaganda – ou seja, entre imagem, tática e roteiro – cujo objetivo era reunir e tratar instantaneamente a informação.

"Muitos se perguntam espantados como é possível que um fato ocorrido a centenas de quilômetros, no coração de um país inimigo, possa ser tema de reportagens e de relatos difundidos pelo rádio logo no dia seguinte", questiona-se um jornalista da *Berliner lllustrierte Zeitung*, em 1941... Seriam realizados filmes baseados inteiramente em documentários jornalísticos, absolutamente autênticos, como *Feuertaufe* [*O Batismo de Fogo*], um *resumo* da invasão da Polônia pelos nazistas, destinado a aterrorizar os espectadores estrangeiros e a forçá-los a reconhecer a superioridade do exército alemão. "Imagens desprovidas de tensão dramática imediata, mas cuja montagem simplificada, a partir de associações mais ou menos disparatadas, e comentário devem projetar sobre o espectador seu ritmo vibrante de grande acontecimento histórico."[8]

O cinema da *PK* retoma, assim, o trabalho de Leni Riefenstahl e de seus filmes, em que, segundo suas próprias palavras, tudo *é verdadeiro,* mas se desenrola em um *tempo intensivo* próximo do tempo real da guerra-relâmpago, da autêntica velocidade do assalto técnico.

---

[8] *Signal.*

Em 1943, no encerramento da Conferência de Casablanca, Roosevelt – agora um homem velho e debilitado pela doença que logo o levaria – declara inadvertidamente a guerra total[9]. A partir de então, a frota aérea aliada pode colocar em prática uma nova estratégia: o bombardeio por zonas, cujo objetivo não é mais o aniquilamento de alvos precisos, mas de regiões inteiras, como na operação Gomorra, que varreu Hamburgo com uma tempestade de fogo, e o bombardeio do Ruhr, que provocou uma inundação apocalíptica... Dessa vez, a massa de figurantes-sobreviventes alemães é precipitada em um pan-cinema, um cinema tão total quanto a própria guerra. Curiosamente, as populações reivindicam a guerra como um espetáculo cada vez mais grandioso, capaz de rivalizar mais uma vez com as super-produções hollywoodianas e com seus grandes cataclismos bíblicos. As populações não medem esforços e se mostram dispostas a trabalhar até dezesseis horas por dia, se assim ordenar o Führer.

O dia 18 de fevereiro de 1943 é uma data histórica: marca o pronunciamento oficialmente denominado *guerra total*. Speer e Goebbels, o arquiteto das ruínas e o ministro da Propaganda, estreitamente ligados, decidiram vencer as resistências dos dignitários do partido que, assim como Hitler, se opunham à radicalização da situação.

Através dos participantes do comício realizado no Palácio de Esportes de Berlim, Goebbels interpela a totalidade da sociedade alemã: "Os ingleses afirmam que o povo alemão prefere a capitulação à guerra total; eu lhes pergunto, vocês querem a guerra total? Vocês a querem ainda mais total, mais radical do que podemos imaginá-la hoje?".

Depois da aprovação trágica da assembléia entusiasmada, o caminho está livre e o *Gauleiter* conclui: "Que a tempestade se

---

[9] Anthony Cave Brown, *Bodyguard of lies* (edição francesa: *La guerre secrète*, Paris, Éditions Gérard Watelet, 1981).

144 • Guerra e cinema

inicie!". A partir daí, a guerra estende-se não apenas às dimensões do espaço, mas ao conjunto da realidade, sem limite e sem alvo.

Durante o terrível inverno de 1942-43, o 6º Exército de Paulus foi cercado e destruído em Stalingrado, vitória decisiva que marca o início da grande contra-ofensiva soviética... No final de 1943, Berlim é esmagada pelos bombardeiros aliados e, desde então, muitos dos dirigentes alemães se convencem de que a derrota é inevitável.

Como as vitórias imediatas se tornam cada vez mais raras, Hitler decide oferecer ao seu público uma retrospectiva das vitórias obtidas desde o início do conflito. Ele encarrega o diretor Veit Harlan[10] de rodar um filme histórico sobre os violentos combates que, três anos antes, opuseram os alemães aos aliados em Narvik, na Noruega. O general Dietl é convocado a desempenhar seu próprio papel na reconstituição da tomada e ocupação da cidade. Veit Harlan ocupa então o fiorde de Narvik, onde ainda se encontram as carcaças dos torpedeiros alemães e dos navios ingleses afundados. A própria cidade não passa de um campo de ruínas, onde os soldados do Reich sobrevivem de maneira precária. Os ingleses são imediatamente informados do projeto cinematográfico de Hitler, e em Londres logo se sabe que o Führer decidiu pôr à disposição de Veit Harlan diversos navios de guerra e uma centena de aviões para lançar milhares de pára-quedistas. Narvik, que representou para os ingleses uma terrível derrota e uma perda de prestígio, voltaria a ser, graças ao cinema, um alvo dos mais interessantes: por que não participar de um remake no qual, dessa vez, o desfecho seria vitorioso?

Os ingleses anunciam no rádio que, se Veit Harlan deseja filmar a batalha, suas câmeras poderiam registrar imagens particularmente realistas e sangrentas, graças ao patrocínio do

---

[10] As lembranças oníricas de Veit Harlan constituem-se em um testemunho insubstituível sobre *o cinema segundo Goebbels*.

"Home Fleet". Por seu lado, os soldados alemães manifestam pouco entusiasmo pelo projeto, apesar da devoção a Hitler. Segundo Veit Harlan:

> Morrer pela pátria lhes parecia mais lógico do que morrer pelo cinema! Aparentemente, os almirantes Raeder e Dönitz intervieram junto a Hitler, assim como Goering. Seus apelos foram atendidos e o projeto, proposto com tanto entusiasmo pelo próprio Führer, caiu no esquecimento.

Goebbels, por sua vez, mostrou-se profundamente desapontado com a decisão. Ele havia confidenciado ao diretor que a realização do filme poderia resultar numa coleta de documentos fascinantes; na verdade, ele planejava enviar vários repórteres de cinejornais para o local, para o caso de ocorrer a intervenção inglesa.

Pouco depois, Hitler ordena as filmagens de *Kolberg*, que são iniciadas no dia 28 de outubro de 1943. Enquanto o exército alemão recua em todas as frentes, o Führer exige que suas tropas sejam colocadas mais uma vez à disposição dos cineastas: trata-se de uma *ordem militar*. Embora a precariedade seja total, cerca de 6 mil cavalos e 200 mil homens são enviados às cenas de batalha, toneladas de sal são levadas por trem para simular a neve que deveria cobrir o cais do porto. Bairros da cidade de Kolberg são reconstruídos nas proximidades de Berlim para serem bombardeados pelos "canhões de Napoleão", no momento em que a cidade é realmente devastada pelas bombas.

Seis câmeras, uma das quais instalada em um barco e outra em um balão, filmam simultaneamente a tomada da cidade. Trinta pirotécnicos provocam inúmeras explosões e até uma inundação é reproduzida desviando-se um rio por vários canais construídos especialmente para esse fim e detonando-se explosivos ocultos sob a água por meio de um sistema de telecomando elétrico. Quando, em janeiro de 1945, o filme está pronto para ser exibido, as salas de cinema de Berlim já não passam de montes de ruínas.

No dia 30 de abril, Hitler abandona seu *inferno das imagens* suicidando-se em sua câmara escura do *bunker* da Chancelaria de Berlim.

Testemunhas disseram que, em seus últimos dias, Hitler havia retomado os projetos de arquitetura e, indiferente a tudo, elaborava planos para a "nova Berlim" que ressurgiria das ruínas, como a parede dos irmãos Lumière. Quanto aos pequenos visionários do Terceiro Reich, eles passaram por um severo tratamento de *desnazificação* com o objetivo de despertá-los. Os sobreviventes afirmaram não compreender o que havia acontecido com eles, enquanto outros, como os Faurisson, juraram que nada daquilo havia acontecido.

Como se pode constatar, não se trata aqui de filmografia, mas de osmose entre guerra e cinema industriais e, sob esse aspecto, os filmes de guerra mais sérios são por vezes os mais burlescos; mas as próprias técnicas militares do começo do século já tinham uma forte característica bufa: em 1929, havia algo de Georges Méliès nos trenós a reator de Max Valier ou no avião de Fritz von Opel decolando do aeroporto de Frankfurt com o auxílio de foguetes a pólvora.

Também há pouca diferença entre as novelas de ficção científica escritas pelo jovem Wernher von Braun e o roteiro de *Fraw in Mond* [*Uma mulher na lua*], de Thea von Harbou e Fritz Lang. Quanto ao pobre professor de ginásio Hermann Oberth, ele poderia ser descrito como um herói romanesco por seus trabalhos sobre foguetes, que só suscitam desprezo e incompreensão. Movido unicamente pela esperança de ver suas *experiências reais* financiadas pela produtora UFA, Oberth colabora na concepção técnica do filme de Lang, que, para pôr fim ao mercantilismo e às reticências dos produtores, financiou pessoalmente as experiências de Oberth.

O filme seria lançado em 30 de setembro de 1929, mas sem o apoio publicitário inicialmente previsto: o lançamento de um foguete verdadeiro na praia de Horst, na Pomerânia, que deveria atingir uma altura de 40 quilômetros... Em 1932, a técnica dos reatores torna-se um dos principais segredos militares do Terceiro Reich e o filme de Lang é apreendido pelas autoridades, porque *é considerado verossímil.* Em 7 de julho de 1943, Wernher von Braun e Dornberger apresentam a Hitler o filme do lançamento real do foguete A4. O Führer recebe o resultado com amargura: "Por que duvidei do sucesso de seus trabalhos? Se tivéssemos esse foguete em 1939, não precisaríamos ter feito a guerra... Diante desse engenho, deve-se reconhecer que a Europa e o mundo se tornaram *pequenos demais para uma guerra*".

Soubemos recentemente que a vitória dos Aliados na Segunda Guerra Mundial se deveu em parte a sua capacidade de compreender a natureza real do *Lebensraum* nazista e ao ataque à essência do poder de Hitler: sua infalibilidade carismática entra em declínio quando os Aliados se colocam na vanguarda das técnicas cinemáticas.

O enigma tecnológico substitui, com os Aliados, o enigma do roteiro e tende a transformar-se no próprio conceito de guerra real: é exemplar neste sentido o episódio do Enigma e de sua resposta técnica Ultra, batalha anglo-alemã de *máquinas de decodificação* que substitui o corpo-a-corpo da dupla homicida-suicida, instaurando outro tipo de armas[11]. O caráter decisivo das batalhas foi superado pela amplitude dos seus recursos. Quando criava

---

[11] O presidente Truman, em um memorando datado de 28 de agosto de 1945, ordena que não seja divulgada nenhuma informação sobre a situação passada ou presente da tecnologia, dos métodos, dos êxitos e dos resultados obtidos por qualquer unidade especializada em criptoanálise. Os Aliados tinham bons motivos para agir dessa forma, principalmente o receio de que, com a entrada dos russos na guerra, os Ultra e os LCS tivessem de voltar à ativa.

um campo de batalha, o olhar de Napoleão (ou o de Griffith) permitia que ele absorvesse simultaneamente previsão, decisão, restituição da organização e controle, com uma rapidez incomparável, e sem negligenciar os detalhes. Mas desde que, em 1812, a guerra napoleônica eclode na imensidão russa e mobiliza meio milhão de homens apenas do lado francês, esse tipo de organização visual fracassa logisticamente. Já ia longe o tempo em que Frederico II e alguns outros conseguiam ver em "escala natural" a formação e a evolução de uma ordem de batalha tão regular, com figuras tão geométricas quanto às projetadas no papel. Agora, os exércitos eram compostos de numerosos corpos móveis, que deveriam ser abordados, não sem dificuldades, durante a ação, seguindo ordens dadas de *fora de seu próprio campo visual*.

Para obter a *veracidade objetiva* de uma grande batalha, foi preciso que o olho-câmera (de Napoleão, de Griffith...) não fosse mais o do general ou do diretor de teatro, mas um monitor capaz de registrar, analisar e reinserir no próprio cenário uma quantidade de fatos e efeitos infinitamente mais importantes do que o olho e o cérebro humanos podem perceber em um lugar e em um momento dados. A previsão moderna requisitada pelas novas dimensões geopolíticas dos campos de batalha exigia uma verdadeira meteorologia da guerra. Em suma, já nascia a idéia-vídeo de que o olhar do voyeur-militar é prejudicado por sua lentidão ao percorrer o campo de ação exageradamente ampliado pela revolução dinâmica (dos armamentos, dos transportes de massa). Mais uma vez, apenas o vetor técnico poderia combater, através de novas combinações tecnológicas, essa tendência que ele próprio fez nascer. O efeito de proximidade, que havia desaparecido nas próteses da viagem acelerada (na *atividade-velocidade,* como dizia Napoleão), implicava a criação de uma *aparência inteiramente simulada,* a restituição em três dimensões da totalidade da mensagem – prótese, desta vez holográfica –, da inércia do comandante militar transmitida ao espectador, multiplicando seu único olhar no tempo e no espaço em flashes permanentes aqui e ali, ontem e hoje, quando não estivermos mais presentes... Essa miniaturização do sentido cronológico, já evidente com o flash-back e mais tarde com o feedback, é o resultado imediato de uma tecnologia militar em que, desde sua origem, os *acontecimentos se desenrolam sempre em tempos teóricos,* em que, como ocorreria mais tarde no cinema, os dados recebidos nunca são organizados segundo um princípio único de tempo e de espaço, mas obedecendo sua distorção relativa e contingente: o poder de resposta repressiva depende do poder de antecipação.

Foi o que Abel Gance compreendeu perfeitamente em 1914.

42. Monumento erguido no deserto de White Sands, na região de Oscura Peak, onde ocorreu a explosão da primeira bomba atômica, em 16 de julho de 1945.

A cidade de Jericó. Ilustração da Bíblia hebraica *rhi Bible*, 1366/1382. ısalém, Rabi Salomon, son Library).

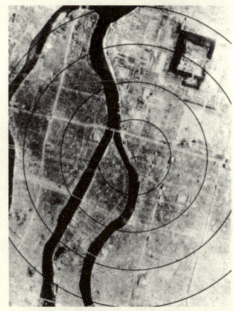

Fotografia aérea da cidade de Hiroshima, antes e depois do primeiro bombardeio nuclear, em 6 de ɔsto de 1945.

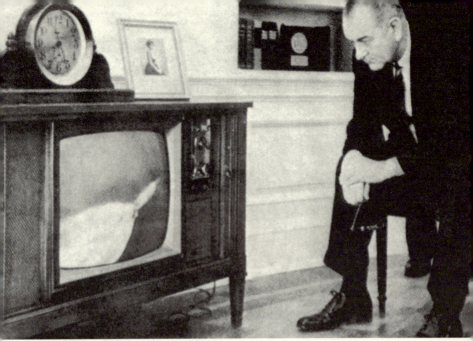

45. O presidente norte-americano Johnson assiste pela televisão, na Casa Branca, ao vôo do fog[uetão] Saturno I, em 29 de janeiro de 1964. Como escreveu André Malraux: "César podia dialogar c[om] Napoleão, mas Napoleão não tem nada a dizer ao presidente Johnson".

46. A sala de comando do Dr. Fantástico no filme de Stanley Kubrick.

QUEM TEM PRIORIDADE NO TEMPO TEM PRIORIDADE NO DIREITO*

Os êxitos e fracassos dos guerreiros transfigurados não cessam jamais. Seus espectros vêm assombrar as telas ou, ainda mais freqüentemente, reencarnam em uma máquina de guerra, geralmente um navio, como o Tirpitz, naufragado em um fiorde em 1943, e cuja metempsicose técnica foi celebrada pelo cinema. O almirante norte-americano William Nimitz, comandante-em-chefe das forças aeronavais aliadas no Pacífico, de 1942 a 1945, emprestou seu nome a um porta-aviões nuclear e a um filme recente: *Nimitz — the final coutdown* [*Nimitz – de volta ao inferno*]. Nessa ficção, cujo tema é a guerra do tempo, a frota japonesa encontra-se ainda a caminho de Pearl Harbor e é detectada pelo moderno Nimitz. Uma perturbação no vórtice espaço-temporal conduz o porta-aviões a meio século atrás e o comandante enfrenta um dilema: impedir o ataque aeronaval à base de Pearl Harbor, utilizando toda sua potência de fogo, ou deixar que a história se cumpra.

O mais significativo nessa trama é a nova crise de decisão nascida da coexistência pouco pacífica de tecnologias distintas: de quem seguir ordens? Do comando das forças do Pacífico – que em 1941 não conhecia nenhuma unidade com o nome de Nimitz, já que o almirante que se encontrava na

---

* Provérbio romano.

154 • Guerra e cinema

ativa assumiria o comando de operações no ano seguinte – ou do comando da Defesa dos Estados Unidos e, portanto, do Departamento de Estado, em 1980? Reencontramos aqui, como na situação real da filmagem de *Narvik,* a intenção de estender a potência militar aos dois lados de um hipotético *centro do tempo,* aquém de todos os limites presentes, passados ou futuros, *utilizando a relatividade como manobra de guerra.* No filme, o porta-aviões nuclear Nimitz funciona como um posto de observação dos tempos históricos, assim como os meios de comunicação e de identificação do combate moderno são aí utilizados do mesmo modo que os meios de prevenção e de dissuasão da história. Tornando perceptível para o espectador a *duração diferencial* presente em cada objeto técnico, a nova mídia catastrófica provoca um impressionante *efeito de relevo temporal,* em que a máquina de guerra fornece o tempo material de guerra de uma propaganda militar-industrial da qual somos os protagonistas involuntários.

Inventores do "Fleet in being", que lhes permitiu reinar tanto sobre o oceano quanto sobre os mais vastos continentes, no período entre guerras os britânicos destinaram altos orçamentos à pesquisa no campo da comunicação e da detecção, sendo particularmente receptivos a esse tipo de efeito especial retroprospectivo. Leslie Howard, o grande ator inglês que deixou Hollywood para servir ao seu país, havia rodado um pouco antes, em 1930, um filme estranhamente premonitório: *Outward Bound.* Nessa ficção, determinado número de passageiros encontra-se a bordo de um avião de carreira sem saber exatamente qual o seu destino. Depois de certo tempo, torna-se claro que eles estão mortos e que o veículo técnico os conduz simplesmente para o outro mundo. Treze anos mais tarde, em 1º de junho de 1943, o DC-3 Ibis no qual Leslie Howard viajava desapareceu com seus passageiros sem deixar pistas, no que os alemães chamavam de *Spurlose Verschwindung*.

Em outubro de 1939, Leslie Howard teve muita dificuldade para convencer Whitehall a ajudá-lo a fazer filmes de propaganda na Grã-Bretanha. "Por que não fazer isso nos Estados Unidos? Aqui não temos nada." O comando inglês propôs que Howard assumisse um posto intermediário semelhante ao ocupado por Noël Coward, enviado a Paris para auxiliar o governo francês na decodificação da propaganda nazista.

Howard recusou a proposta e submeteu a Whitehall a sinopse do filme que pretendia realizar:

> Trata-se de um documentário sobre o início das hostilidades baseado no *Livro Branco* britânico. Quero realizar um documentário utilizando cenas de alguns cinejornais, mas no qual haja também grandes papéis. Existe um tema que quero desenvolver: o espírito termina sempre por triunfar sobre a força bruta...

Questionado sobre qual personagem preferiria representar, Howard responde:

> Para começar, Hitler, mas também desejo interpretar sir Neville Henderson e a última tentativa para manter a paz contra a tática Ribbentrop... Veja, ninguém no exterior tem vontade de comprar nosso *Livro Branco* e ler documentos oficiais, mas as pessoas se acotovelariam diante dos cinemas para assistir a um documentário oficial...

As tentativas de Howard fracassam, mas resultaram na criação de Pimpernel Smith, o professor distraído que conseguiu enganar os nazistas, personagem que encarnava as idéias de Howard de um modo ligeiro e que não o agradava particular-

156 • Guerra e cinema

mente[1]. O ator rodaria em seguida diversos filmes de propaganda, especialmente *The First of the Few,* baseado na vida de R. J. Mitchell, o criador do avião Spitfire, e contando com a colaboração dos melhores pilotos militares da Inglaterra: Peter Townsend, Bader e Cunningham.

Em 1943, Lubitsch apresenta ao público americano *To be or not to be* [*Ser ou não ser*]. Ainda que predominantemente inspirado nas desventuras de Leslie Howard, o filme suscita indignação nos Estados Unidos. Era o ano em que Roosevelt havia declarado a guerra total, e na época o público preferia ver Superman triunfando sobre Hitler a alguns obscuros e lastimáveis atores shakespearianos. Em 1954, a acolhida na França é igualmente desfavorável... No entanto, essa "fantasia desrespeitosa" era um filme de guerra sério e até mesmo inquietante, pois desvendava a filosofia dos Serviços Especiais Aliados. Submetidos a uma censura que deveria durar mais de trinta anos, os segredos da Defesa britânica podiam ser encontrados, como na obra de Lubitsch, tanto no teatro shakespeariano quanto nos Estados-Maiores. Por exemplo, o plano da célebre batalha de El-Alamein, na qual Montgomery venceu Rommel (1942), foi tirado da literatura por um cineasta, Geoffrey Barkas, e por um ilusionista de music-hall, Maskeline. Os dois homens reproduziram nessa batalha a ação de Malcolm no bosque de Birnam: em uma planície de areia dura, praticamente sem pontos de referência visíveis, o exército britânico se move tão lentamente que nem os olhos inimigos mais penetrantes nem os melhores óculos de alcance conseguem perceber a progressão real dessa câmera lenta tática.

---

[1] Ian Colvin, *Le tragique destin de Leslie Howard* (Éditions France-Empire). Howard mudou o tom da propaganda britânica, pois agora já não se tratava de rir da guerra como em 1914... Lembramos aqui do Soldado Carlitos e de outras sátiras de Langdon. O filme de Chaplin, em sua versão montada antes do armistício, tinha 1500 metros e ridicularizava indistintamente Wilson, Poincaré, Hindenburg e o Kaiser.

Os ingleses logo teriam uma outra idéia genial: depois da grande atividade cronofotográfica de reconhecimento aéreo realizada durante a Primeira Guerra Mundial, a informação passa a depender mais de fatores de apreciação e de interpretação à distância, e os britânicos conhecem bem a insaciabilidade do serviço de informações alemão, reconstituído a partir dos anos 1930 por Theo Rowehl, um amigo íntimo do célebre almirante Canaris, com quem havia servido na Marinha Imperial.

Já que os aviões de reconhecimento e os bombardeiros da Luftwaffe são híbridos técnicos – máquinas de destruição e ao mesmo tempo máquinas de cinema encarregadas de filmar tanto o campo de batalha quanto o próprio território britânico, como se fossem *produtoras de filmes de guerra* —, os Aliados decidem não se opor mais à filmagem, mas, ao contrário, passam a participar da realização dos filmes de atualidades e de informações hitleristas.

Eles não recorrem mais à clássica camuflagem, mas exatamente ao seu oposto, à superexposição, oferecendo às câmeras inimigas cenários, materiais, movimentos de multidão e todas as trucagens que praticamente não têm limites no espaço real. No momento crucial dos gigantescos preparativos para o desembarque aliado na Normandia, o "East Anglia" assemelha-se a um imenso set de filmagem: a paisagem é coberta por instalações fictícias, construídas com papelão, borracha e cabos, como os cenários de Hollywood.

Criadores imaginativos, como o professor de arquitetura Basil Spence, são cercados por uma multidão de artistas, poetas, técnicos de teatro e de cinema, na realização desse trabalho de *desinformação visual...* Estúdios célebres, como os de Shepperton, nas proximidades de Londres, se consagrariam pela fabricação de veículos blindados falsos ou navios de desembarque artificiais.

"Confeccionados com tela e madeira flutuante, os navios praticamente surgiam da fumaça, sendo possível ver sua pintura secando e poças de combustível em seu redor... Havia até mesmo uma tripulação de figurantes formada por soldados reformados..."[2]. A trilha sonora é igualmente estudada: eram verdadeiros roteiros, compostos de breves diálogos que seriam ouvidos pelos operadores de rádio alemães do outro lado do Canal da Mancha, sinais esporádicos como os emitidos normalmente por tropas em ação. Para completar a verossimilhança, personalidades autênticas, como o Rei da Inglaterra ou os generais Eisenhower e Montgomery, são convidadas a visitar navios e canteiros de obras fictícios... Em outros momentos cruciais, sósias de Churchill e de outros chefes militares embarcam em aviões para realizar viagens fictícias.

Como se pode ver, as relações entre atores e chefes de Estado, as cenas de substituição grotesca de *To be or not to be* revelam bem o tipo de ardis e estratagemas de guerra imaginados pelos Aliados para mistificar Hitler e o Estado-Maior alemão, despistando-os sobre o verdadeiro desenrolar das operações executadas contra o Terceiro Reich com *efeitos especiais,* destinados a deixar *o inimigo tão perplexo quanto abatido.*

Depois do conflito, os serviços de escuta britânicos – em ação desde 1939 – continuariam a cumprir sua função de decodificação da propaganda internacional e de seus roteiros, ocupando-se desta vez dos países do Leste. Os técnicos ingleses passariam sem dificuldade da concepção dos *efeitos especiais* militares aos *efeitos especiais* cinematográficos, e os sets dos antigos estúdios Shepperton continuarão a abrigar maquetes e máquinas de ficção científica:

---

[2] *La guerre secrète.* Divulgação de arquivos que permaneceram secretos até que, em 1975, "caíram quase todas as barreiras em Washington e foi retirada a ordem de se manter em segredo a cobertura e a indução ao erro, assim como a criptoanálise durante a Segunda Guerra Mundial".

Durante o verão e o outono de 1978, quatro dos grandes auditórios dos estúdios Shepperton um dos quais é justamente um dos maiores do mundo abrigaram as filmagens de *Alien*. A 20th Century Fox cuidou de garantir que somente pessoas autorizadas pudessem assistir às dezesseis semanas da filmagem principal... Deste modo, estaria guardado o maior segredo da história do cinema...[3]

Roger Christian, diretor de arte do filme, recorda: "Ridley nos mostrou o *Dr. Strangelove* [*Dr. Fantástico*] e não cansou de dizer: é isto que eu quero, vejam, não é um B-52 flutuando no espaço, *mas sua aparência milit*ar... Eu sabia o que ele queria dizer, pois já tinha feito algo semelhante para *Star Wars*".

Como muitos dos veículos e naves do cinema antes dele, o Nostromo de *Alien* utilizará em sua construção muitos elementos reais provenientes de encouraçados, tanques e bombardeiros da Segunda Guerra Mundial; "o painel de bordo, por exemplo, era feito de fragmentos de aviões e contava com quase um milhão de manivelas".

Os veículos de ficção no cinema tornam-se a matéria plástica, luminosa e sonora de uma espécie de mixagem tecnológica generalizada, em que se procura, como nos engenhos militares reais, *efeitos de síntese entre diversos elementos mais ou menos anacrônicos*. "A crítica cinematográfica não tem mais sentido", disse-me recentemente Hans Zischler, um dos atores de Wim Wenders, *"é a realidade* que devemos tentar analisar de maneira fílmica". Deve-se constatar que, com os novos engenhos de guerra, *a verossimilhança não é mais garantida*, as tecnologias militares encontram-se excessivamente evoluídas, nós as perdemos de vista. E o segredo dos corpos técni-

---

[3] "Histoire d'Alien", artigo de Paul Scanlon e Michael Gross. A versão francesa foi publicada na revista *Métal Hurlant*, nº 43 bis, 1979.

cos renova em nós a atração por regiões distantes, o desejo de proximidade dos engenhos repete a impostura do imediatismo. Design sonhado, perfil bem acabado, o corpo do aparelho dá continuidade à desregulação de sua aparência, cada um deles parece ser moldado por uma esperança de extrema intensidade, em que o aerodinamismo perde subitamente o valor de *ciência do escoamento do ar* para tornar-se um panteísmo logístico do escoamento do tempo.

***

Ao longo dos anos 1940, Orson Welles afirmou: "Para mim, tudo o que é chamado de 'mise en scène' é um grande blefe. A montagem é o único momento *no qual se pode exercer um controle absoluto sobre o filme*".

Admirador de Abel Gance, Francis Ford Coppola compartilhava com ele a paixão pelas técnicas utilizadas pelos estrategistas militares e sua maneira de eliminar os acasos. Depois da voga dos efeitos eletrônicos nos anos 1970, que permitiram reduzir consideravelmente as contingências objetivas "naturais" dos cenários e dos equipamentos, cineastas como Coppola praticamente eliminaram as contingências da filmagem, graças ao registro prévio das imagens e dos sons em suporte eletrônico. A partir de então, as filmagens não mais se apoiavam na rigorosa distribuição no tempo e no espaço do antigo Kammerspiel. *Como no rádio,* os atores eram integrados graças a um ensaio em estúdio, tendo sua imagem traficada e reinserida de acordo com a vontade do diretor, que trabalhava "em uma câmara" com monitores de vídeo, "obtendo assim", afirma Coppola, "o produto mais sofisticado com o menor orçamento possível".

É interessante a evolução de Coppola depois da semidecepção de *Apocalypse now*. O sentimental *One from the heart* [*O fundo do coração*] é mais filme de guerra do que *Apocalypse now*, e é evidente que essa nova arte cinemática – em que atores e cenários desaparecem segundo a vontade do diretor – é uma arte do extermínio. Coppola utiliza diretamente equipamentos militares, como o *The Star* (sistema de informação da marinha norte-americana desenvolvido pela Xerox). A relação custo/eficácia a que se refere Coppola está presente nos sistemas de armas modernas e compara-se à solução adotada pelos militares: *miniaturização e automação*. Segundo eles, esta última "transfere a possibilidade de erro do estágio da ação para o estágio da concepção"[4].

Assim, o último poder do diretor, bem como o do militar, seria menos imaginar do que prever, ou seja, simular e memorizar simulações. Ainda aí se trata da perda do espaço material do comandante da guerra total em seu posto de comando, a perda do *tempo real, "essa eliminação proposital de qualquer* intromissão na monotonia do dia-a-dia, no cotidiano".

Como esses novos cockpits opacos – que impedem que os pilotos de combate vejam o ambiente, porque "ver pode ser perigoso" –, a guerra e suas tecnologias suprimiram progressivamente os efeitos teatrais e pictóricos no tratamento da imagem de batalha. A guerra total e a dissuasão tendem, a partir daí, a fazer desaparecer o efeito cenográfico em um efeito técnico ambiente e permanente, privado de substrato. Com os novos híbridos, o mundo desaparece na guerra e a guerra enquanto fenômeno desaparece aos olhos do mundo.

Os membros da tripulação do porta-aviões nuclear Nimitz declararam recentemente a um jornalista: "Nosso trabalho é totalmente irreal, de vez em quando *é necessário que a ficção se una à realidade para nos dar a prova irrefutável e incontestável de nossa presença aqui...*".

***

---

[4] Andrew Stratton.

162 • Guerra e cinema

Com a guerra total, passa-se do segredo militar (verdade diferida do campo de batalha) à superexposição da transmissão ao vivo, pois, com os bombardeios estratégicos, tudo agora acontece na proximidade urbana, e não são mais uns poucos os espectadores sobreviventes dos combates, mas a massa dos espectadores-sobreviventes. Com a dissuasão nuclear, não se pode mais falar propriamente em *guerras estrangeiras,* como fazia o prefeito de Filadélfia, vinte anos atrás: agora as fronteiras passam através das cidades. Depois de Berlim, Harlem, Belfast, Beirute, Varsóvia, Lyon, a rua e a estrada também se transformam em sets de filmagem de um cinema permanente sob o olhar das câmeras das forças militares ou dos grandes repórteres-turistas da guerra civil mundial. O Ocidente, que já havia passado das ilusões políticas da cidade-teatro (Atenas, Roma, Veneza) para as ilusões da cidade-cinema (Hollywood, Cinecittà, Nuremberg), insere-se agora no pancinema transpolítico da era nuclear, numa visão cinemática global do mundo. As redes de televisão norte- americanas compreenderam bem a nova situação, transmitindo imagens 24 horas por dia, mas sem comentários ou roteiros, porque, de fato, não se trata mais de imagens informativas, mas de matéria-prima *da visão,* uma matéria-prima o mais confiável possível. A comercialização extraordinária das técnicas audiovisuais atende à mesma demanda: o vídeo e o walkman são *a realidade e a aparência disponíveis em kit;* esses aparelhos não são projetados para ver imagens ou ouvir música, mas para acrescentar uma trilha visual e sonora, para que cada um encene a sua própria realidade.

Já nos anos 1950 e 1960, quando se perguntava às pessoas por que elas se espremiam em concertos ou grandes festivais como Woodstock, elas respondia que iam para *não ouvir mais os próprios pensamentos*, ou porque esses festivais eram feitos por pessoas ambíguas e ali não se distinguiam mais os artistas do público. É preciso lembrar que, na maioria das vezes, esse tipo de manifestação era organizada, nos Estados Unidos e na Europa, por militares de alto escalão; ciclorama dos grandes estádios onde se espremem centenas de milhares de atores-espectadores, onde as câmeras e os lasers não iluminam somente os ídolos, mas também a multidão e seu paroxismo, psicologia dupla em que os que vão para ver se mostram e se exibem, antecipando outras ações espetaculares dos anos 1970, como o assassinato de John Lennon.

Agora é o diretor (ou o político) que não mais se distingue e desaparece no efeito técnico, como Nicholas Ray em *Nick's film – Lightning over water* [*O filme de Nick – raio sore a água*], de Wim Wenders. "Nosso grupo tira energia do caos...", afirmavam ainda ontem os Rolling Stones; do terrorismo comum aos assassinatos ao vivo, o pancinema vivo desenvolve sob nossos olhos o caos que em tempos passados se dissimulava com perfeição na *criação ordenada da guerra*. E mesmo que nossos atos escapem subitamente às referências habituais, não se trata de atos gratuitos, mas de atos cinematográficos.

Com a bomba de nêutrons, as populações urbanas perderam definitivamente o valor último de reféns nucleares. Abandonados pelos comandantes militares, *os cidadãos não são mais os imortais da Cidade*, o cinema perdeu seu valor iniciático e não é mais a missa negra da autoctonia guerreira propondo o Wallahla cinemático aos filhos da guerra, na comunhão dos vivos e dos mortos, simplesmente porque a dispersão comercial das imagens e dos sons destruiu essa extraordinária propriedade técnica do antigo cinema, essa formalização social obtida através da visão, que fazia com que houvesse apenas um único espectador em uma sala onde havia mil pessoas.

UM TRAVELLING DE OITENTA ANOS

Esta narrativa poderia iniciar-se em 1854, com o cerco de Sebastopol durante a guerra da Criméia, ou sete anos mais tarde, com a Guerra de Secessão, conflitos em que foi utilizada uma profusão de técnicas modernas: armas automáticas, fotografia, trem blindado, balão cativo... Mas optei por iniciá-la em 1904, primeiro ano da *guerra da luz*. Um ano depois do vôo dos irmãos Wright no Kitty Hawk, seria aceso, pela primeira vez na história dos conflitos, um *projetor*.

Instalado no alto de Port Arthur, esse primeiro "projetor de guerra" reunia todas as tochas e todos os incêndios das guerras do passado na incandescência dirigida de seu facho. Seu raio de luz traspassava não apenas a escuridão, as trevas do conflito russo-japonês, mas também o futuro, um futuro próximo em que a operação de detecção, a "máquina de espreita", logo iria desenvolver-se ao ritmo da máquina de guerra, até que ambas se confundissem nas técnicas de aquisição de objetivos da *Blitzkrieg*, na cinemetralhadora da aviação de caça e, sobretudo, no clarão de Hiroshima – relâmpago nuclear cuja claridade ofuscante literalmente fotografaria a sombra das pessoas e das coisas, transformando instantaneamente toda superfície em superfície de inscrição, *o filme* da guerra, prenúncio da arma de luz dirigida, do raio de luz coerente do laser...

166 • Guerra e cinema

Muitos acontecimentos concorreram para fazer daquele ano de 1904 uma data importante: é o ano da morte de Etienne-Jules Marey, elo essencial entre a *arma automática* e a *fotografia instantânea*. Como vimos, Marey foi o inventor do fuzil cronofotográfico, que não só precedeu à câmera dos irmãos Lumière, como também era descendente direto das armas de tambor e cilindro giratório, como o revólver Colt e a metralhadora Gatling, uma arma automática inventada no início da guerra de Secessão e que viria a encerrar sua carreira militar naquele mesmo 1904, na tomada de Port Arthur. A metralhadora voltaria à ativa em sua versão eletrificada durante a guerra do Vietnam.

Ainda em 1904, o assistente de Marey, Georges Demeny, então membro da comissão de elaboração do manual de infantaria, publica *L'éducation du marcheur,* onde se demonstra, com o apoio de um filme, a utilidade da cronofotografia na dosagem dos esforços do combatente (marcha forçada, manejo de armas etc.).

Demeny viria a desempenhar um importante papel na formação física do exército francês antes de 1914. Enfim, em 18 de maio de 1904, Christian Hülsmeyer testa em Colônia seu "telemobiloscópio", aparelho que informa a um observador afastado a presença de objetos metálicos, ou seja, o ancestral da radiotelemetria, a "radiolocalização" de sir Watson-Watt, o radar.

Quando nos lembramos de que foi trabalhando no aperfeiçoamento da telemetria de artilharia, durante a Grande Guerra, que o professor de óptica Henri Chrétien descobriu as bases da técnica do que, 36 anos mais tarde, seria o "cinemascope", pode-se avaliar melhor a coerência fatal que sempre se estabelece entre as funções do olho e as da arma. Se o progresso da telemetria panorâmica resultou na projeção de filmes sobre grandes telas, a evolução da radiotelemetria iria redundar no aperfeiçoamento da imagem: *imagem radar,* imagem eletrônica que prefiguraria o vídeo, ótica eletrônica...

De fato, desde as alturas das fortificações que dominaram o passado – com a inovação arquitetônica da "torre de observação" – , passando pela utilização do balão, da aviação e da *restituição fotográfica* do campo de batalha, em 1914, até o "satélite de alerta avançado" – anunciado pelo presidente Reagan –, não cessamos de assistir à expansão do campo de percepção dos conflitos. A visão ocular e a visão direta vão progressivamente cedendo lugar aos procedimentos óticos e ótico-eletrônicos e aos "colimadores" mais sofisticados. Pode-se imaginar a importância estratégica da ótica durante o primeiro conflito mundial ao se observar que a produção francesa de vidros óticos (lunetas de regulagem de tiro, periscópio, telêmetro, goniômetro, objetivas fotográficas e cinematográficas etc.) passaria de 40 para 140 toneladas por ano, ou seja, a metade da produção total dos Aliados.

Se toda guerra é, antes de qualquer coisa, um jogo de esconde-esconde com o adversário, é preciso reconhecer que esse princípio elementar pôde ser largamente verificado pelos combatentes de 1914, que vivenciaram o absurdo das trincheiras, nas quais milhões de homens se enterraram ao longo de quase quatro anos. Com a aparição das armas ditas de saturação, como o fuzil automático, a metralhadora ou o canhão de tiro rápido, agora "o fogo decide", como diz o ditado. Não é mais a disposição das tropas, a rigorosa geometria de seus movimentos no território que decidem os combates, mas tão-somente o "poder de fogo", a balística das armas automáticas. A partir de então, todos os esforços foram para dissimular as tropas, em vez de expô-las, para dispersá-las, em lugar de concentrá-las. Daí se originam as ondas sucessivas de soldados sacrificados marchando, saltando e rastejando para terminarem enterrados, vivos ou mortos, a salvo das armas e dos olhares do adversário.

168 • Guerra e cinema

Se a Primeira Guerra Mundial é o primeiro conflito midiatizado da história[1], é porque as armas automáticas suplantaram a multidão de armas individuais. O corpo-a-corpo sistemático, o enfrentamento físico foram abandonados em benefício do massacre à distância, em que o adversário é invisível ou quase, *exceção feita aos clarões dos tiros* que marcam sua presença. Daí a imperiosa necessidade da mira ótica, do aumento telescópico, a importância do *filme de guerra* e da restituição fotográfica do campo de batalha, mas também, e sobretudo, da descoberta do papel militar preponderante da aviação de observação na condução das operações.

Se, nos antigos conflitos, o essencial da estratégia consistia em escolher e delimitar o teatro de operações e o campo de batalha, desobstruindo as perspectivas da melhor maneira possível, no início da Grande Guerra trata-se, antes de tudo – dada a excessiva importância conferida aos novos materiais –, de compreender a tendência do movimento adversário, de delimitar os objetivos e, enfim, de definir a imagem do enfrentamento para tropas cegadas pelo alcance descomedido dos equipamentos, pela subitaneidade dos tiros indiretos, mas também pelo contínuo desordenamento do ambiente. Daí a multiplicidade de periscópios de trincheira, telescópios e aparelhos de detecção acústica. Embora os soldados da Grande Guerra tenham sido protagonistas de combates sangrentos, eles também foram os primeiros espectadores de um espetáculo pirotécnico, no qual já se reconhecia o seu aspecto mágico e grandioso (vide Ernst Jünger, Apollinaire ou Marinetti). Dez anos depois da tomada de Port Arthur, inaugura-se uma guerra total, uma guerra que não seria mais interrompida com o dia ou com a noite.

Por que, afinal, a guerra seria interrompida, se a presença do inimigo se fazia notar apenas pela luminosidade dos tiros e

---

[1] A batalha naval já prefigurava havia tempos esse tipo de prática.

pelo fogo das trincheiras? A cegueira dos homens enterrados em suas estreitas valas durante o dia não é muito diferente daquela provocada pela escuridão. Bastaria desenvolver – enquanto se espera a *guerra-relâmpago* de 1940 – a *guerra de iluminação,* adotando as primeiras balas traçantes, foguetes luminosos, artifícios que permitam a iluminação do *no man's land,* o desvendamento de objetivos noturnos, enfim, desenvolvendo uma potência correspondente à dos holofotes (até nove quilômetros) e da defesa "antiaérea" tal como ela já se esboçava em 1914. O velho ditado, "a cavalaria ilumina, a infantaria conquista", tornou-se obsoleto. Com a fixidez do front, da guerra de posição, a aviação passará a assumir a missão da cavalaria, agora inútil. A aviação de reconhecimento transforma-se em órgão de percepção do alto comando, a prótese privilegiada do estrategista interno do Estado-Maior. É a aviação que ilumina a guerra, que torna visível o estado dos locais em um ambiente incessantemente desfigurado por armas e explosivos de alta potência; mas os olhos serão, sobretudo, os olhos das objetivas das primeiras *câmeras de bordo.* A realidade da paisagem de guerra torna-se cinemática, porque tudo muda, tudo se transforma, as referências desaparecem umas após as outras, tornando inúteis os mapas do Estado-Maior e os antigos levantamentos topográficos. Somente o obturador da objetiva pode conservar o filme dos acontecimentos, a forma momentânea da linha de frente, as seqüências de sua progressiva desintegração. Novos locais de combate, impactos de tiros de longo alcance, grau de destruição das posições: apenas a fotografia instantânea pode compensar a potência das armas de destruição igualmente instantânea.

O que em Marey, no passado, era cuidado em revelar as fases sucessivas de um movimento ou de um gesto, torna-se agora o cuidado em interpretar da melhor forma possível as seqüências de uma violação, de uma súbita dissolução da paisagem que não pode ser captada em toda sua amplitude. Aí, ainda, existe a conjunção entre a potência da máquina de guerra moderna, o avião, e as novas performances da máquina de espreita, como a fotografia aérea ou o fotograma cinematográfico. Mesmo que o filme militar seja feito para ser visto em projeção, uma projeção que dissimula a análise das fases do movimento em questão – transferindo assim sua utilidade prática às séries fotográficas sucessivas –, a situação é inversa à desencadeada pelos trabalhos de um Muybridge ou de um Marey: não se trata mais de observar um cavalo ou um homem, ou seja, um *corpo inteiro,* em que se procura estudar as deformações inerentes ao seu deslocamento, agora *é necessário tentar reconstituir as linhas de ruptura das trincheiras, a infinita fragmentação de uma paisagem minada que é animada por incessantes virtualidades;* daí o papel agora essencial da restituição fotográfica e dos filmes militares, primeira forma conhecida de *macrocinematografia* aplicada não ao infinitamente pequeno, como em Painlevé a partir de 1955, mas ao infinitamente grande...

Desse modo, como indica o almanaque Hachette de 1916, as técnicas de representação comprovaram sua imensa importância para a guerra: "Graças às fotografias e aos filmes, foi possível reconstituir o front de maneira extremamente clara, desde Belfort até o Yser".

Por um lado, o segredo da vitória está inscrito nos ares com a balística dos projéteis e a hiperbalística da aeronáutica e, por outro, o segredo é vencido pela velocidade, pois *somente a velocidade de exposição dos filmes é capaz de registrar o segredo,* segredo militar que cada um dos protagonistas tentará preservar através da dissimulação, da camuflagem de objetos cada vez maiores, como as baterias de artilharia, estradas de ferro, estações de triagem, e, finalmente, cidades inteiras, graças à inovação do blecaute, resposta tardia à "guerra de luz" de 1904.

Se a arma e a armadura desenvolveram-se paralelamente ao longo da história, agora são a visibilidade e a invisibilidade que se desenvolvem simultaneamente, originando por fim essas *armas invisíveis que tornam visível,* como o radar, o sonar e a câmera de alta definição dos satélites de observação, herdeiras das antigas câmaras escuras da Grande Guerra. O problema dos comandantes de hoje não é o mesmo do duque de Wellington, que afirmava ter passado toda sua vida "adivinhando o que se encontrava do outro lado da colina", pois agora se trata de evitar a confusão, o amálgama diante das figuras de uma representação que abrange as mais vastas regiões do front e os mais ínfimos detalhes, os quais são sempre suscetíveis de influenciar o resultado dos enfrentamentos. O problema não é tanto o das máscaras, das telas que ocultam a visão ou na mira distante – apesar da camuflagem nascente e do blecaute – pois se trata exatamente de ubiqüidade, ou seja, *da dificuldade de gerar a simultaneidade de informações em um ambiente global* e instável, onde a imagem (fotografia/cinema) é a forma mais concentrada e mais estável da informação.

O registro das câmeras ao longo do primeiro conflito mundial prefigura a memória estatística dos computadores, tanto pela gestão dos dados fornecidos pelo reconhecimento aéreo quanto pela administração cada vez mais rigorosa da simultaneidade da ação e da reação.

O "pregador Bofor" da Segunda Guerra Mundial não seria o ancestral do "calculador estratégico" do imediato pós-guerra? Com esse equipamento de defesa antiaérea, que fazia a trajetória do projétil de DCA coincidir com a trajetória do avião visado em um ponto e um momento dados, em um aperfeiçoamento do telêmetro, o resultado fatal era obtido pela superposição estereoscópica da imagem de seus cursos em uma tela, em tempo real.

Assim, o campo de batalha das guerras napoleônicas transformou-se pouco a pouco em uma *caixa-preta.* O teatro de operações do passado – em que se agitavam cadenciadamente os atores de um massacre e o corpo-a-corpo se efetuava a olho nu e com armas brancas – foi substituído no início deste século por uma câmara escura, em que *o face a face dos adversários teve de ceder lugar à interface,* uma interface instantânea na qual a noção de tempo real iria finalmente suplantar as distâncias, a configuração territorial dos combates.

A ordenação estratégica do espaço, a construção da fortaleza permanente, com seus fossos e muralhas – telas de dissimulação propícias à ocultação do segredo, definidas por um general do século passado como "uma espécie de caixa de surpresas" –, é substituída por uma ordenação do tempo, pela surpresa técnica do surgimento das imagens e dos signos em telas de controle, *telas de simulação* de uma guerra que, cada vez mais, se assemelha a um cinema permanente, a uma televisão em funcionamento ininterrupto... Mas seria preciso aguardar o segundo conflito mundial para que o cinema mudo da radiotelegrafia se tornasse finalmente cinema sonoro, com os progressos da radiotelefonia...

Em seu livro *Tempestades de aço,* de 1920, Ernst Jünger, combatente alemão que lutou na linha de frente, traduz essa desrealização da guerra industrial:

> Nessa guerra em que o fogo se voltava mais contra os espaços do que contra os homens, eu me sentia inteiramente estrangeiro a mim mesmo, como se estivesse me observando através de binóculos... pude ouvir os projéteis assoviando em meus ouvidos como se passassem por um objeto inanimado.

Jünger constataria, mais adiante: "A paisagem era de uma transparência cristalina..." Essa sensação de transparência absoluta que afeta o objeto, o sujeito e o ambiente, em que cada um dos antagonistas se sente observado simultaneamente por sentinelas invisíveis e observadores longínquos, ilustra a *desregulação da percepção* em um ambiente no qual as tecnologias de guerra iriam subverter o terreno, a matéria, mas principalmente a dimensão espaço-temporal da visão através da imbricação e do acoplamento da máquina de espreita e da máquina de guerra moderna, a tal ponto que Jünger viria a constatar, por sua vez: "A faculdade de pensar logicamente e o sentido da gravidade pareciam paralisados". Essa sensação se repetirá, ainda uma vez, com o radar, em que o operador tinha essa mesma sensação de voar, de ter uma visão aérea de seus objetivos. Para eliminar o elemento humano, foi inventado no final da Segunda Guerra Mundial o método do "True Motion Radar", em que a tela do monitor indica o "movimento verdadeiro" e o operador renuncia deliberadamente à imagem ótica... Tudo isso ocorrerá novamente com o triunfo da imagem eletrônica sobre a gravidade universal (Nam June Paik). Essa ausência de gravidade, essa suspensão das sensações comuns indicam a confusão que começa a instalar-se entre a "realidade ocular" e sua representação midiática, uma representação instantânea em que a intensidade das armas automáticas e as novas propriedades dos equipamentos fotográficos instantâneos se associam para *projetar uma última imagem do mundo,* de um mundo em vias de desmaterialização e, logo, de completa desintegração, no qual o cinematógrafo dos irmãos Lumière tem mais credibilidade do que o sentinela melancólico que não acredita em seus próprios olhos.

Um episódio particularmente significativo confirmaria essas observações e, curiosamente, se repetiria 26 anos mais tarde, em 1940, embora com uma variante esclarecedora sobre a evolução do campo de batalha. No início da Grande Guerra, os comandos franceses e alemães não conferiam muita importância aos resultados da observação aérea, privilegiando o trabalho de observação realizado pelas patrulhas. Durante a batalha do Marne, o capitão Bellenger, comandante de aviação do cam-

174 • Guerra e cinema

po fortificado ao redor de Paris, multiplica os vôos de reconhecimento sobre as imediações da capital, estimulado por Gallieni. Surge então um *conflito de interpretação* entre este general especializado em guerras coloniais, que se destacava no uso de novas técnicas, e os responsáveis pelo front: *vista do solo,* a direção da ofensiva alemã é incerta e os relatórios dos batedores são contraditórios, mas ambos são reconhecidos pelo Estado-Maior. *Vistos do céu,* o eixo e a tendência geral de movimento se tornam claros, mas o alto comando francês recusa-se a admiti-lo, preferindo naturalmente a visão horizontal e em perspectiva à visão vertical e panorâmica própria do sobrevôo. Finalmente, o comandante do 6º Exército impôs seu "ponto de vista" sobre o movimento inimigo, não mais em Paris, mas no Marne. O resultado dessa atitude é conhecido, assim como as conseqüências dessa primeira batalha do Marne[2], que alguns quiseram atribuir à densa rede ferroviária da região parisiense, rede radioconcêntrica que permitia uma boa *regulação do tráfego.* Mas hoje parece igualmente judicioso observar que o resultado positivo dependeu igualmente de uma *regulação do ponto de vista,* de uma definição da imagem da batalha, em que a perspectiva da cavalaria de repente cedeu lugar à visão, à mira perpendicular própria à aviação de observação...

A partir de então, como Winston Churchil viria a confirmar, a *tendência prevalece sobre a sucessão dos episódios.* A situação é comparável à que distinguia a invenção do "cinematógrafo" da criação da "cronofotografia": os enfrentamentos armados passaram a tornar-se perceptíveis apenas em *projeção,* somente

---

[2] A vitória francesa na primeira batalha do Marne (na região do rio de mesmo nome), em setembro 1914, barrou a invasão alemã. A guerra passou para uma nova fase, a chamada guerra de trincheiras, com o exército inimigo postando-se em uma extensa malha de trincheiras, protegidas por arame farpado – a linha Maginot. (N. E.)

o fotograma do filme de guerra permitia a compreensão da dinâmica interna, da linha geral, deixando então às patrulhas terrestres a função de controle tático. O sistema de exposição acelerada das imagens e das seqüências aplica-se a partir daí aos desfiles e aos movimentos militares sobre um terreno de exercício que nada mais é do que uma tela onde se inscreve a projeção da guerra de movimento. O cinematógrafo, único capaz de *mostrar* a verossimilhança do ataque, associa-se aos conflitos do mesmo modo que a mira telescópica é acoplada aos fuzis e a cinemetralhadora à guerra aérea.

***

Com a *Blitzkrieg*, essa inversão de perspectiva se torna manifesta e o episódio da batalha do Marne se repete. Durante a primavera de 1940, mais precisamente depois de 10 de maio, os acontecimentos se sucedem com tamanha rapidez que somente a aviação é capaz de dimensionar a catástrofe. Em 12 de maio, em um relatório mantido nos arquivos da força aérea, o tenente Chery, do grupo de reconhecimento 2/33, o mesmo de Saint-Éxupery, observa: "As pontes sobre o Meuse estão intactas, impressão de conjunto: o inimigo avança com divisões blindadas nas Ardennes e não encontra nenhuma resistência". Apesar dessa informação decisiva, o Estado-Maior francês recusa-se a acreditar no tenente observador. O axioma "Ardennes, meio a-estratégico e impermeável" impediu o prolongamento da linha Maginot ao norte. Nem se cogita dar crédito a uma comunicação tão herética, cujos desdobramentos todos conhecemos[3].

O problema não é mais a extensão do ponto de vista, mas o da maior ou menor permeabilidade de um meio ao avanço dos blindados.

---

[3] O exército alemão conseguiu contornar a linha Maginot e derrotou as forças franco-britânicas destacadas para a defesa da França. (N. E.)

176 • Guerra e cinema

À transparência de vidro da paisagem de guerra descrita por Jünger, acrescenta-se o traspassamento de um meio denso, a transparência de uma floresta fechada diante da penetração das divisões blindadas. Não se trata somente de uma *ilusão de ótica* que afeta um combatente em estado de desordem psíquica, mas de uma *ilusão motriz* que afeta toda uma região estratégica, um território que não oferece mais resistência aos tanques do que o espaço aéreo aos bombardeiros a pique...

Em seus escritos de piloto de guerra, Antoine de Saint-Éxupery emprega metáforas impressionantes:

> Da vertical eu via somente bibelôs antigos sob um cristal puro que não estremece. Eu me debruço sobre vitrines de museu, domino uma grande placa resplandecente, *a grande placa de minha vitrine.* Lá embaixo os homens, micróbios em uma lâmina de microscópio... eu sou um sábio glacial e para mim a guerra deles não é mais do que uma experiência de laboratório.[4]

O distanciamento apavorado dos combatentes da guerra estática transformou-se no distanciamento das técnicas da guerra-relâmpago, das objetivas de longo alcance e das lupas estereoscópicas da foto-interpretação militar, em um meio condutor próximo ao aquoso, ao vidro e aos fenômenos de refração e difração próprios dessas condições.

A guerra de posição venceu. A extrema mobilidade dos exércitos (mecanizados e motorizados) imprime ao conflito uma nova *unidade de tempo* que apenas a cinematografia é capaz de apreender, por vezes com dificuldade, já que *o aumento da velocidade dos aviões acelera a seqüência das imagens* e as grandes altitudes provocam o congelamento do mecanismo das câmeras. Por esse

---

[4] Saint-Éxupery, *Pilote de guerre* (Éditions Gallimard). [Edição port.: *Piloto de guerra*, Lisboa, Editora Europa-América, 1995.]

motivo, aprimoram-se os métodos de pesquisas no campo visual: a memória falha do piloto é compensada pela instalação de um gravador, como antecipação do computador de bordo; a instalação de um "hiposcópio" imprime maior precisão às fotografias, permitindo que a vertical do avião seja facilmente visualizada; as emulsões em placas pesadas e incômodas são substituídas por filmes acondicionados em tambores giratórios. Os dispositivos de sincronização entre a velocidade do avião e a velocidade das objetivas, a marcação dos negativos durante o vôo e o acoplamento de células foto-elétricas melhoram ainda mais a qualidade dos documentos, simplificando sua interpretação.

Os limites da investigação são ampliados tanto no tempo quanto no espaço. A rapidez de deslocamento dos exércitos suscita o desenvolvimento de mecanismos de detecção com o maior raio de ação possível, para que os comandos tenham tempo para preparar sua defesa. Já se vai o tempo em que a infantaria se deslocava a quatro quilômetros por hora e que a informação conservava o frescor da atualidade por um dia, uma semana ou mais tempo. A partir de agora a informação perde seu valor em algumas horas, em somente alguns minutos... *Se o segredo da guerra sempre esteve inscrito nos ares, somente a velocidade de transmissão permite que sua importância seja desvendada utilmente.*

Depois da derrota da França, instigados por Sidney Cotton, os britânicos iriam reorganizar o reconhecimento aéreo, substituindo os Bristol-Blenheim pesados e armados por Spitfires desarmados, porém equipados com tanques reserva de combustível. Esse aparelho, que tinha o melhor desempenho para a época, funcionava como uma verdadeira *câmera-voadora,* ancestral dos atuais "mísseis-vídeo", vetores capazes de detectar (em transmissões ao vivo ou em videoteipe) não somente a sucessão das ações, mas também sua simultaneidade... Lembremos que, em 1912, o alemão Alfred Maul lançou um foguete movido a pólvora, cuja ogiva era equipada com uma pequena máquina fotográfica. No momento em que o aparelho atingia sua altura máxima, a câmera era disparada e o foguete descia lentamente, trazendo ao solo uma única fotografia (na verdade, tratava-se de uma experiência militar que pretendia dar continuidade às experiências das primeiras fotografias aerostáticas de Nadar).

Vinte anos mais tarde, em 1933, nos laboratórios da RCA, Vladimir Zworykin – inventor do "iconoscópio", primeira denominação da televisão eletrônica – apresentava seu invento, não como um meio de comunicação de massa, mas como *um meio de ampliar o alcance da visão humana,* chegando até mesmo a propor a instalação de uma câmera fotográfica em um foguete para observar as regiões mais inacessíveis, antecipando em alguns anos as sondas espaciais Pionner e Voyager.

Essa vontade deliberada de ampliar o alcance da observação, de aumentar cada vez mais o raio de ação da detecção, finalmente encontrará sua solução científica na varredura eletromagnética do radar. Em 1940, durante a batalha da Inglaterra, a *transparência do ar torna-se semelhante à do éter:* sir Watson Watt ergue na atmosfera uma misteriosa tela, uma superfície invisível que se eleva a uma altura tal que nenhum engenho poderia atravessá-la sem que sua aparição fosse detectada em algum lugar no solo, no fundo de uma câmara escura, sob a forma de um ponto luminoso. O que se passava outrora na câmera de registro de Niepce e Daguerre, a partir daí se passaria no céu da Inglaterra. Instalado em Keith Park, no coração de Londres, o teatro de operações de guerra torna-se uma sala escura povoada por oficiais superiores e auxiliares femininas, recepcionistas de uma cerimônia estratégica que imita a guerra real. Nessa central subterrânea da defesa antiaérea, organizam-se a recepção dos dados das estações de radar da "Chain-Home" e a coordenação dos destacamentos de combate da Royal Air Force. Trocam-se palavras através do éter, breves diálogos entre as tripulações e suas "recepcionistas de guerra", como se as duplas estivessem reunidas em uma mesma sala. Alertados, guiados e consolados, os pilotos de caça são acompanhados o tempo todo, perseguidos por *vozes em off*. Não apenas o filme da guerra é sonoro, como também os bombardeios são pontuados por exclamações, comentados pelos pilotos que, em combate, sentem a onipresença de um público na sala de operações, a presença dessas auxiliares femininas que contribuem para o sucesso de seu *líder*, mas também para a desrealização de um conflito em que os *espectros* desempenharão um papel cada vez mais importante: espectro dos adversários abatidos, projetado para homologação, graças aos filmes das cinemetralhadoras, espectro da imagem do radar sobre as telas, vozes nos ares, ecossondagem do sonar... A projeção da luz e das ondas toma o lugar daquela das armas do passado, tais como a flecha e a lança.

Se a força militar é pautada por sua relação com a aparência, ao longo dos anos essa potência torna-se *inverossímil*: camuflagem, disfarce, medidas de defesa eletrônicas, interferências radiofônicas, bombas de fumaça... O arsenal de ataque se vê dotado de novos órgãos, próteses de um conflito em que a ilusão de ótica e a ilusão motora se fundiram até o delírio, delírio cinemático da guerra-relâmpago, guerra da velocidade de propagação dos objetos, das imagens e dos sons, enquanto se espera o *flash nuclear*.

Se, na primavera de 1940, ao contrário de 1914, os aparelhos de reconhecimento aéreo estavam em contato permanente com o solo, graças às ondas curtas da radiofonia (algumas dezenas de quilômetros de alcance, em 1940, e entre quatrocentos e quinhentos quilômetros, em 1945), no outono desse mesmo ano, graças às ondas eletromagnéticas, os caças de patrulha noturna da RAF seriam os primeiros equipados com "radiolocalização" radar de bordo que permitia ao piloto "ver" em uma tela colocada sob o pára-brisa os

180 • Guerra e cinema

Dornier, os Messerschmitt 110 voando à noite, a mais de cinco quilômetros de distância.

É o início de um novo desdobramento da personalidade do guerreiro, *o dom de visão dupla concedido aos aviadores*: cabeça erguida, transparência da atmosfera, mira ocular; cabeça baixa, transparência do éter, televisão... Dois espaços militares, o próximo e o distante, e um só combate, uma só guerra. Essas tecnologias redundarão mais tarde nos sistemas de armas *transorizonte*.

Por sua vez, face à ofuscante claridade dos projetores de 200 milhões de velas do DCA, os bombardeiros foram equipados pouco a pouco com novos recursos, graças ao aperfeiçoamento dos procedimentos de ataques noturnos. Se em Londres e em Conventry, em 1940, a Luftwaffe utilizava *bombas incendiárias* para delimitar a zona de lançamento das bombas explosivas, em Colônia, em 1941, os Aliados já utilizavam *bombas de iluminação*, que ao se incendiar no solo desenham um quadrilátero de luzes vermelhas onde os Halifax e os Lancaster da operação "Milenar" espalhavam sua carga destruidora.

Depois disso, os Aliados utilizarão novas armas de luz: flash de magnésio ou flash eletrônico, trazido da Força Aérea norte-americana e capaz de iluminar as defesas inimigas, e sobretudo de ofuscá-las por um curto tempo; essas inovações seriam aperfeiçoadas por Sam Cohen, durante a guerra no Vietnã, com o objetivo de cegar o adversário por mais de uma hora. O resultado dessa pesquisa levará ao desenvolvimento de *granadas siderantes,* utilizadas contra terroristas em Mogadíscio e Londres.

Por outro lado, desde 1942, as combinações eletrônicas permitiam dirigir os esquadrões aéreos a partir do solo e a uma grande distância, facilitando os bombardeios noturnos e diurnos, em quaisquer condições meteorológicas. Essa técnica incluía duas estações chamadas *The Cat* e *Mickey Mouse*! O avião, equipado com um receptor especial, captava as ondas emitidas pelo *gato* e se deixava guiar passivamente até aproximar-se do objetivo. O *rato*, que até

Um travelling de oitenta anos • 181

então observava a operação em silêncio, reunia os dados e calculava (com uma precisão de cem metros a quatrocentos quilômetros de distância) o instante em que o bombardeiro deveria lançar suas bombas e enviava a ordem de ataque por sinal de radar.

Essa rede eletrônica sofisticada, chamada GEE, cobria o oeste europeu e seria constantemente aperfeiçoada, de início sob a designação técnica de OBOE e, em 1943, com o nome de H2S, sistema que fornecerá aos aviadores não mais um simples "sinal de radar", mas uma silhueta luminosa do objetivo sobrevoado, uma "imagem de radar". O bombardeiro era equipado com um emissor de ondas centimétricas que, projetadas verticalmente em direção ao solo, retornavam ao avião e materializavam-se em uma tela catódica. A imagem eletrônica assim obtida englobava uma zona de quinze quilômetros quadrados. Esse sistema seria utilizado pela primeira vez na Operação Gomorra, que destruiu Hamburgo.

Aos sistemas de armas visíveis tradicionais, como o canhão e a metralhadora, vem juntar-se agora o labirinto de sistemas de armas invisíveis utilizados em uma guerra eletrônica que se estende por todo um continente. Para os pilotos, é o fim da invisibilidade dos alvos, que as condições do meio natural ora protegiam, ocultando-o aos ataques adversários, ora atrapalhavam, mascarando os objetivos deles. Com a caça noturna, a artilharia antiaérea, por sua vez, se beneficiará da ubiqüidade guerreira: é, em primeiro lugar, a "Linha Kammhuber", que organiza a resposta da caça alemã por meio de seus setores de alerta que cobrem a Europa desde o Mar do Norte até o Mediterrâneo e cujo centro operacional se localiza em Arnheim, na Holanda. É, em seguida, a instalação de uma rede de "radar panorâmico", em que cada aparelho ilumina um raio de trezentos quilômetros e transmite a imagem eletrônica do céu "via cabo" às baterias de DCA da "Festung Europa". Essa visibilidade integral, que penetra as trevas, os obstáculos naturais e anula as distâncias, torna o espaço da guerra *translúcido* e os responsáveis *extralúcidos*, já que o tempo e os prazos de resposta são incessantemente reduzidos pelos procedimentos técnicos de prevenção e de antecipação.

Aliás, o sistema de alarme dos aviões desempenhará um papel psicológico considerável sobre o conjunto do território. No momento em que os esquadrões inimigos transpõem a costa, a operação é comunicada às populações civis por meio de um alerta prévio e, à medida que mudam de posição, as cidades visadas são alertadas.

A relação espaço-tempo se comprime, o perigo é percebido *simultaneamente* por milhões de ouvintes atentos. O único fator de proteção é a informação, o rádio, é ter tempo, já que não se tem espaço, espaço para recuar.

Com a ofensiva aérea aliada contra as grandes concentrações européias, o ataque torna-se subitamente um espetáculo de som e luz, uma série de efeitos especiais, uma projeção atmosférica destinada a confundir os espíritos de uma população amedrontada, lançada no blecaute; salas escuras das dimensões do drama, onde as futuras vítimas assistem aos mais aterrorizantes espetáculos noturnos, faustos do inferno de um cinema invasivo que reproduz a arquitetura de luz de Nuremberg. Em suas memórias, Albert Speer, o organizador das comemorações nazistas do Zeppelin-Feld, escreve a respeito do bombardeio de Berlim, em 22 de novembro de 1943:

Os bombardeios aéreos ofereciam um espetáculo que a memória não pode apagar, e era necessário lembrar incessantemente o rosto atroz da realidade para não se deixar fascinar por essa visão. Os foguetes pára-quedas – as árvores de Natal, como diziam os berlinenses – iluminavam de repente o céu, depois o clarão das explosões era engolido pela fumaça dos incêndios. De todas as partes, inúmeros holofotes vasculhavam a noite e se iniciava um duelo emocionante quando um avião pego pelo facho luminoso procurava escapar; por vezes, ele era atingido e instantes depois estava reduzido a uma tocha de fogo: *era uma visão grandiosa do apocalipse.*

Do inferno das imagens à imagem do inferno, o arquiteto de Hitler pôde dimensionar a curta distância entre eles. Ele escreveu:

Para o congresso do Partido em Nuremberg, em 1935, utilizei 150 holofotes de DCA, cujos fachos, apontados verticalmente para o céu, formavam um retângulo de luz na noite. Foi entre essas paredes luminosas, as primeiras do gênero, que se realizou o congresso com todo seu ritual, cenário feérico que lembrava os castelos de cristal imaginados pelos poetas da Idade Média. Experimento, agora, uma sensação curiosa diante da idéia de que a criação arquitetônica mais bem-sucedida de minha vida foi uma fantasmagoria, uma miragem irreal.

Tratava-se menos de uma imagem do que de um ensaio geral, uma prefiguração holográfica da guerra, obtida com materiais empregados pelo exército havia mais de trinta anos.

A transparência, a ubiqüidade, o conhecimento instantâneo... Era a época das grandes "óperas de comando", em que as frotas marítimas e aéreas podiam ser dirigidas tanto de Londres quanto de Berlim. Segundo Speer:

O centro de transmissão do quartel-general era um modelo do gênero; de sua mesa na sala de reuniões, Hitler podia comandar todas as divisões nos campos de batalha. Quanto mais a situação se degradava, mais esse instrumento da técnica moderna contribuía para acentuar o divórcio entre a realidade de campo e a fantasia que presidia à condução das operações nessa mesa.[5]

---

[5] Albert Speer, *Au coeur du troisième Reich* (Éditions Fayard) e *Le Journal de Spandau* (Éditions Laffont).

A partir de então, a autoridade se exerce com o mínimo de intermediários. E se, de sua parte, o Führer faz o papel de senhor da guerra, comandando seus generais por radiotelefonia e privando-os assim de suas iniciativas, é afinal o conjunto do sistema de comunicação que favorece – nos dois campos – o controle do chefe supremo sobre seus subordinados. *O poder passa a ser exercido diretamente.* Na visão do estrategista, um exército é sempre forte desde que possa ir e vir, avançar ou recuar na direção ou no momento desejados (Se-Ma). Mas é preciso reconhecer que, nessa fase da guerra, essas idas e vindas constituem menos os movimentos das tropas do que o *feedback* dos materiais de detecção e transmissão, aparelhos visuais e audiovisuais que tendem a renovar não apenas a marcha forçada e a incursão distante, como em 1914, mas o deslocamento real do exército em proveito do recolhimento automático de dados e, a seguir, de sua *retransmissão em tempo real...* Como interpretar a inovação das divisões PK em cada batalhão da Wehrmacht, a multiplicação de *cinecomandos* do serviço cinematográfico dos exércitos aliados[6] e não de correspondentes de guerra, senão pela necessidade de uma midiatização cada vez mais avançada da ação, em que o *dom da visão dupla* concedido às tripulações torna-se o poder de um alto comando ao mesmo tempo ausente e onipresente?

Origem da desrealização de um ataque em que a guerra industrial deixaria de ser o *aparelho dos grandes funerais* denunciado pelos moralistas e se tornaria, em um futuro próximo, a maior mistificação que já existiu: aparelho de decepção, o disfarce da estratégia da dissuasão. Desde a Grande Guerra, a industrialização da *imagem instantânea* vem ilustrando, como

---

[6] Para os americanos, o caráter abstrato da reconquista das ilhas do Pacífico necessitava de uma encenação filmográfica, daí a importância das equipes de cinema engajadas nessa batalha.

vimos, essa dimensão cinemática de uma destruição operada na escala de regiões inteiras, *contínuas alterações de uma paisagem que teria de ser resconsituída com o auxílio de fotografias, de seqüências sucessivas*, perseguição cinematográfica da realidade, decomposição e recomposição de um território incerto, em que o filme assume o lugar do mapa do Estado-Maior.

Desde então, a desrealização cinematográfica atinge a própria natureza do poder. Este último se instala numa região tecnológica à parte, onde o espaço-tempo não é mais o do comum dos mortais, mas unicamente o da máquina de guerra, um espaço-tempo próprio da *percepção seqüencial* que se assemelha aos fenômenos óticos resultantes da persistência na retina, origem e fim da apreensão do real, uma vez que a visão do movimento é apenas um *processo estático* ligado à natureza da decupagem e à maior ou menor velocidade de observação das espécies...

Macrocinematografia do reconhecimento aéreo, televisão a cabo dos radares panorâmicos, retardamento e aceleração da fotointerpretação das fases de operação: o desígnio do comandante militar nada mais é do que um desenho animado, um organograma. A Tapeçaria de Bayeux é um *modelo de desfile pré-cinematográfico* de uma guerra na qual a logística do desembarque normando prefigurava aquela do *The longuest day*, a do 6 de junho de 1944.

Além disso, não se pode esquecer que a descoberta da *estatística indutiva* tem sua origem nos cálculos de recenseamento efetuados por Vauban durante os périplos *repetitivos* que levaram o marechal a passar pelo mesmo local em períodos distintos... Na verdade, a cada uma de suas viagens, o comissário-geral das fortificações torna-se uma espécie de "*comissaire aux montres*" [comissário dos relógios][7]. O reino desfila diante de seus olhos

---

[7] Oficial responsável pela revista dos exércitos e pelos equipamentos no Antigo Regime.

como uma grande revista de detalhes na qual o território se expõe à inspeção. Não se trata mais simplesmente do desfile das tropas diante do inspetor, responsável logístico pela boa forma do exército, mas da revisão geral do país, do conselho de revisão do corpo territorial. Não é mais o corpo do exército que passa e repassa em fileiras cerradas sob os olhares atentos do intendente do rei, mas sim o inspetor-geral que passa em revista as províncias alinhadas como numa parada militar. *Essa repetição de viagens, que determina o desenvolvimento do filme regional, nada mais é do que um artifício, uma trucagem cinemática que beneficia somente o observador itinerante.* Observando solitariamente o encadeamento das situações, das seqüências, aos poucos o observador perderá de vista as realidades locais, ao final exigindo a reforma do direito costumeiro em beneficio da norma administrativa... Com a estatística, estamos no início da economia política, economia que repousará sobre a persistência do signo e das tendências dominantes e não mais sobre a cronologia e a sucessão da realidade dos fatos. É finalmente o mesmo movimento de idéias que conduzirá do "século das luzes" ao registro fotográfico, às câmaras múltiplas de Muybridge, à cronofotografia de Marey e, por fim, à câmera cinematográfica dos irmãos Lumière, passando por Méliès, o artesão da mistificação da montagem.

"Nos conflitos antigos", explica Winston Churchill, "os episódios tinham mais importância do que as tendências, enquanto nas guerras modernas a tendência se sobrepõe aos episódios". Efetivamente, os fenômenos de massa escapam à apreensão imediata e são perceptíveis somente pela intermediação do computador, da invenção de captadores e de câmaras de registro que não existiam até então (daí o caráter relativo da afirmação de Churchill). Deve-se concluir, portanto, que a guerra total contribuiu essencialmente para o desenvolvimento de *materiais de projeção suscetíveis de revelar, de tornar enfim possíveis, as tendências totalitárias do momento.*

Daí a invenção das armas "secretas", bombas voadoras, foguetes estratosféricos, premissas do "Cruise Missile", dos equipamentos balísticos intercontinentais e, acima de tudo, das armas *invisíveis* que tornam visível (armamento que já utiliza raios diversos) não somente o que se encontra além do horizonte e o que a noite esconde, mas sobretudo *o que não existe ou o que ainda não existe,* a ficção estratégica da necessidade de um armamento que utilize as radiações atômicas, ficção que conduzirá ao fim da guerra e da arma "absoluta".

Como vimos no início deste relato, muito se falou sobre os bombardeios nucleares de 6 e 9 de agosto de 1945, mas em geral se negligenciou o fato de que se tratava de uma *arma de luz,* a primeira do gênero antes da criação da arma de radiação intensa, como a bomba de nêutrons, as armas de feixe dirigido, o laser e os canhões de partículas carregadas, no momento em fase de pesquisa. Por sinal, muitos sobreviventes de Hiroshima definiram a explosão, pouco tempo depois, como a detonação de uma *bomba de magnésio* de potência insuspeitada...

Lançada para explodir a cerca de quinhentos metros de altitude, a primeira bomba provocou efetivamente um clarão, um *flash nuclear de 1/15 000 000 de segundo,* clarão cuja luz se infiltrou em todos os locais, nas residências e até nos porões, deixando sua impressão nas pedras – que tiveram sua coloração alterada pela fusão de certos elementos minerais –, mas curiosamente deixando intactas as superfícies protegidas. O mesmo ocorreu com as roupas e os corpos das vítimas, em cuja pele ficou tatuado o desenho dos quimonos... Embora para o inventor da fotografia, Nicéphore Niepce, ela fosse apenas um método de *gravura por meio da luz,* "fotogravura" em que os corpos inscrevem seus traços por efeito de sua própria luminosidade, a arma nuclear é herdeira tanto da câmara escura de Niepce e Daguerre como do projetor de guerra. Não é mais uma silhueta luminosa que surge no fundo das câmaras escu-

188 • Guerra e cinema

ras, mas uma sombra, uma sombra levada por vezes ao fundo dos porões de Hiroshima. As sombras japonesas não se inscrevem mais, como antes, nas paredes de um "teatro de sombras", mas sobre a tela, sobre os muros da cidade.

***

Bomba A, 1945. Bomba H, 1951. Guerra da Coréia... Depois da guerra tudo se acelera, a potência de fogo não é somente a das armas de fogo, mas a das turbinas dos aviões de combate. A "barreira do som" é rompida em 1952. A "barreira do calor", em 1956 e, quanto à *barreira da luz,* sua superação só se daria mais tarde. Nos ares, os bombardeiros do "Strategic Air Command" encontram-se em alerta permanente e os interceptadores do "Air Defense Command" ampliam seu guarda-chuva protetor para a eventualidade de um ataque soviético de longo alcance. Esse perigo se torna cada vez maior depois que a URSS detona, em 12 de maio de 1953, sua primeira bomba de hidrogênio.

Para os Estados Unidos, torna-se então urgente dispor de novos meios de captação de informações. É neste momento que o aperfeiçoamento do *filme com base Mylar* por Eastman Kodak e da *câmera de alta definição* pelo doutor Edwin Land, da Hycon Corporation, viabiliza o reconhecimento aéreo regular sobre a União Soviética. As conseqüências dessa operação são bem conhecidas: o Loockheed U2 pilotado por Gary Powers é abatido sobre a URSS em 1º de maio de 1960... Em outubro de 1961, inicia-se a crise de Cuba, premissa de uma terceira guerra mundial. Em 29 de agosto de 1962, um avião U2 trazia como resultado de uma missão sobre a ilha de Fidel Castro a prova cinematográfica da instalação de mísseis soviéticos, originando o atrito entre Kruchev e Kennedy, atrito que redundaria, meses mais tarde, na instalação do *telefone vermelho,* interconexão dos chefes de Estado, interface imediata de suas salas de operação... Além dos sistemas de fotografia e de vigilância eletrônica, lembremos que o U2, ainda em serviço no Irã e no Golfo Pérsico, dispõe igualmente de um colimador telescópico, *cinederivômetro* que permite ao piloto-espião realizar o rastreamento de um território a mais de 25 mil metros de altitude. Naquele mesmo ano de 1962, ainda que já existissem mais de dez mil conselheiros norte-americanos sobre o Vietnã do Sul, elabora-se em Harvard e no MIT a primeira guerra eletrônica da história. A operação inicia-se com a instalação de *captadores,* de *sensores* lançados com pára-quedas ao longo da pista Ho-Chi-Min e, mais tarde, precisamente a partir de l966, prossegue com a organização de uma linha de defesa eletrônica, a "Linha MacNamara", campo de detectores acústicos (Acouboy, Spike-boy) e sísmicos (Adsid, Acousid) distribuídos ao longo das vias de acesso ao Laos, em torno das bases do exército norte-americano e, particularmente, em torno da fortaleza de Ke Sanh.

O conceito estratégico do professor Roger Fisher, de Harvard, era então baseado na construção de uma "barragem terra-ar", utilizando o conjunto das tecnologias de ponta do momento, as quais permitiam vigiar com eficácia os movimentos inimigos; tecnologia de aquisição que utilizava o infravermelho e a televisão de alta sensibilidade, aliada aos meios de destruição aéreos mais desenvolvidos: aviões de combate F 105 Thunderchief, Phantom, helicóptero Huey-Cobra, Gunship, aviões de transporte transformados em verdadeiras baterias aéreas, como o Douglas AC 47 e sobretudo o Hércules C 130, equipados com novos equipamentos eletrônicos: mira a laser capaz de guiar as bombas com uma infinita precisão, sistema de iluminação noturna e de ampliação de imagens, computador de comando de tiro acoplado às metralhadoras Minigum de canos múltiplos, herdeiras da velha Gatling, com capacidade de tiro de seis mil disparos por minuto...

190 • Guerra e cinema

Esse sistema de alerta avançado se tornava necessário porque os deslocamentos inimigos ocorriam geralmente à noite. Nesse tipo de conflito, o blecaute é um recurso ultrapassado, a escuridão é a melhor aliada do combatente e o próprio teatro de operações diurno transforma-se em uma câmara escura, um cinema para os combatentes da sombra, daí o esforço insano dos norte-americanos para superar essa cegueira, lançando mão de *dispositivos intensivos de iluminação* (pirotécnicos, elétricos, eletrônicos), dispositivos que freqüentemente utilizavam o intensificador de luz, o scanner infravermelho, inovando até mesmo o *filme infravermelho* e a *termografia*, em que a imagem térmica substitui a imagem ótica, o fotograma; sistemas de armas que resultam em uma nova cenografia da guerra, na utilização maciça das imagens sintéticas, na coleta automática de dados, mas igualmente na *desfolhação química,* que permite enfim obter o vazio, limpar a tela de toda vegetação parasita...

Em outubro de 1967, o centro de vigilância eletrônica de Nakhon Phanom, na Tailândia, captava, interpretava e apresentava em uma tela os dados transmitidos pelos captadores instalados em terra e retransmitidos pelos aviões Loockheed Bat-Cat.

Nessa nova repartição, nesse novo nodal da guerra, um computador IBM 360.35 classificava automaticamente os dados transmitidos e fornecia aos especialistas do centro *uma imagem que indicava o lugar e a hora em que os captadores foram ativados*. Baseados nessas informações, os especialistas elaboravam então um esquema do tráfego inimigo e forneciam aos caças os dados de combate "Skyspot", o que lhes permitia uma extrema rapidez na execução dos planos e uma grande precisão. No entanto, o mais interessante para nós ainda é o Drone, o RPV Teledyne Ryan, avião telecomandado de cerca de três metros de envergadura, equipado com uma câmera capaz de obter duas mil fotografias e um sistema de vídeo capaz de realizar transmissões ao vivo para uma estação receptora situada a 240 quilômetros de distância.

"Minha alma chora, chora, mas chora com olhos mortos", escrevia Apollinaire em 1915 a respeito dos tiros inimigos. Com a guerra eletrônica, essa metáfora é ultrapassada, pois os projéteis se erguem e abrem seus numerosos olhos: ogivas rastreadoras, guias infravermelhos ou a laser, ogivas equipadas com câmeras de vídeo que transmitem sua visão aos pilotos e aos controladores de terra, a postos diante de seus consoles. A fusão está feita e a confusão é perfeita, pois nada mais distingue a função da arma da função do olho, *a imagem do projétil e o projétil da imagem formam uma mistura:* detecção, aquisição, perseguição e destruição, o projétil é uma imagem, uma "assinatura" sobre uma tela, e a imagem televisiva é como um projétil hipersônico que se propaga na velocidade da luz...

À projeção das *armas de lançamento,* à balística do passado, sucede a projeção da luz, do olho eletrônico, do engenho teleguiado ou do *míssil-vídeo,* projeção em escala natural de um filme que arrebataria E. Promio, o inventor do travelling, e sobretudo Abel Gance, que, na batalha de Brienne, queria lançar suas câmeras como se fossem bolas de neve.

De fato, desde que a linha de mira foi *sobreposta* ao cano das armas de fogo, deixou-se de associar o uso do projétil ao uso da luz – essa"luz" que é a alma das armas –, até que fosse inventado, há pouco tempo, *o acelerador de fótons, o intensificador de luz* (Startron, sistema FLIR), que terminaria por originar a arma a laser, o armamento de feixe dirigido, o canhão de partículas carregadas... Aliás, como se não bastasse a superposição da mira ao cano das armas, introduz-se a mira dentro em um "túnel de fogo" com o objetivo de melhores performances. Nos laboratórios de pesquisas balísticas e aerodinâmicas (nos Estados Unidos e na França) dispõem-se, por exemplo, de *túneis de tiro hiperbalístico* de cerca de cem metros de comprimento, capazes de lançar as maquetes de "veículos de reentrada" (os projéteis de testes) a cinco mil metros por segundo. Para visualizar sua trajetória no interior do cano, utiliza-se um equipamento de "cinerradiografia-relâmpago" capaz de gerar quarenta milhões de imagens por segundo[8]. Encontramos aí as origens do cinema, o primeiro fuzil cronofotográfico de Marey, o "fuzil de munição" de 1882, dotado de uma objetiva no cano e uma culatra cilíndrica na qual se movimentava a placa sensível.

A partir do Vietnã, e ao longo de toda a década de 1970, assiste-se a uma midiatização cada vez mais abrangente do combate. Se, durante a Guerra da Coréia, um Sabre da Força Aérea norte-americana precisava de mais de quarenta quilômetros para contornar os Mig 15, na Guerra do Vietnã – e na Guerra dos "Seis Dias" – o Phantom precisava de um sistema de tiro controlado por instrumentos para conseguir abater um Mig 21, sistema de aquisição de objetivos que mais tarde resultaria no conceito de *Fire and Forget* e nos sistemas de armas *transorizonte*, em que o ataque se efetuará fora de campo.

A desintegração da personalidade do guerreiro já se encontra em estado avançado: *cabeça erguida*, o colimador do pára-brisa transformado em tela digital (ótico-eletrônica ou holográfica), *cabeça baixa,* tela do radar, computador de bordo, rádio e monitor de vídeo que permitem que o piloto rastreie o terreno, quatro ou cinco alvos simultaneamente e seus próprios equipamentos, mísseis autodirecionados Sidewinder equipados com câmeras ou sistemas de direcionamento infravermelho. Essa guerra de ondas acarretava inconvenientes maiores, como explica o coronel Broughton, piloto de F 105 durante a guerra do Vietnã:

O ruído do rádio era tal que não conseguíamos nem mesmo pensar, muito distantes uns dos outros, pois as patrulhas aéreas forma-

---

[8] Ver o resumo do colóquio: *Le cinéma grande vitesse: instrumentations et applications* (ANRT, Paris, dezembro, 1981).

vam uma seqüência de unidades que operavam separadamente; cada piloto tinha comunicados tão importantes a fazer, que as comunicações se interrompiam, pois cada um gritava coordenadas e ordens para se defender dos Mig e dos Sam, e *era praticamente impossível compreender o que se passava.* Esse era sempre um problema, pois, uma vez que o processo se inicia, multiplica-se incessantemente e torna-se impossível interrompê-lo. Cada piloto é imediatamente lançado na confusão e no medo, perguntando-se quem fala, e com quem.[9]

Esta confusão passageira era ainda mais acentuada devido às condições meteorológicas desfavoráveis do Vietnã do Norte. Broughton prossegue:

Essa região do globo tem talvez as piores condições atmosféricas, e quando estamos no meio de uma dessas violentas tempestades que produzem terríveis correntes de ar nós ficamos seriamente abalados. *Essa sensação com freqüência terminava em um fenômeno de desorientação conhecido como vertigem.* Em tais casos, pode-se estar voando na horizontal e ter a impressão de que o avião registra uma inclinação de sessenta graus, ou vice-versa. É uma situação particularmente desconcertante, da qual por vezes é difícil se abstrair. Pode-se sacudir a cabeça, mas a sensação persiste, e suas conseqüências podem ser fatais. Eu recomendaria esse tipo de vôo na noite escura apenas aos amantes das sensações fortes.

A ausência de gravidade experimentada por Ernst Jünger durante os tiroteios de artilharia da Grande Guerra se reproduz aqui, mas a confusão das sensações não se assemelha mais ao pânico, é uma sensação de vertigem da técnica, de uma desrealização puramente cinemática, que afeta o sentido do

---

[9] Jack Broughton, *Thud Ridge* (Éditions Lippincott, 1969).

194 • Guerra e cinema

espaço e suas dimensões. Submetido à máquina, encarcerado nos circuitos fechados da eletrônica, o piloto de guerra não é mais do que um *deficiente motor*, vítima passageira de um fenômeno de possessão análogo ao da guerra primitiva com seus alucinógenos. Não nos esqueçamos de que os primeiros *produtos dopantes* foram produzidos para suprir as necessidades dos pilotos da Luftwaffe... A droga, ruína do corpo expedicionário norte-americano no Vietnã, era, antes de mais nada, a droga do delírio técnico de um combate que não fazia mais diferença entre o real e o figurado, guerra de imagens em que, conforme escreve Broughton: "Aconteceu-me de perder homens e equipamentos *unicamente porque o tenente encarregado de examinar os filmes de nossos bombardeios não distinguiu muito bem os estragos ocasionados e exigiu que os caças retornassem ao seu objetivo*". Ainda ontem, morria-se por um brasão, uma imagem inscrita em um estandarte ou uma bandeira, mas agora *morre-se para aperfeiçoar a nitidez de um filme,* a guerra torna-se, enfim, a terceira dimensão do cinema...

É igualmente curioso constatar que grande parte dos novos materiais de guerra, como helicópteros, mísseis, sistemas de detecção e de telecomunicações, é produzida pela Hughes Aircraft Company, a empresa do célebre Howard Hughes, que em 1930 rodou o filme *Hell's Angels* [*Anjos do Inferno*], história de uma esquadrilha de bombardeiros da Primeira Guerra Mundial. Esse milionário esquizofrênico, morto em 1976, construiu, como se sabe, um império industrial através da associação significativa entre o cinema e a aviação. Ainda hoje, a Hughes Aircraft é uma das empresas mais importantes dos Estados Unidos. Em abril de 1983, por exemplo, a Hughes desenvolvia uma pesquisa para aperfeiçoar o dispositivo de direcionamento dos mísseis antitanque TOW, dispositivo de mira estabilizada (ajustada oticamente) que permite a detecção dos mísseis com precisão, apesar do balanço e das vibrações do helicóptero. A empresa trabalhava ainda em um equipamento de *distração de bordo* que utilizava a radiação infravermelha para transmitir aos passageiros dos aviões comerciais programas musicais e cinematográficos.

Depois da derrota do Vietnã, os cientistas e industriais do Pentágono iriam aperfeiçoar cada vez mais a guerra eletrônica. A linha MacNamara foi transferida para o sul dos Estados Unidos, na fronteira mexicana, sob pretexto de detectar a passagem de trabalhadores clandestinos. Quanto aos *interceptadores pessoais*, eles dariam início, em 1971, a um projeto delirante de controle judiciário individual chamado Transponder. Esse aparelho, desenvolvido pela National Security Agency, registra a distância percorrida, a velocidade e o trajeto de um indivíduo, transmitindo esses dados *várias vezes por minuto* a um computador central (digital) que os compara com os itinerários autorizados e pode advertir a polícia a partir do momento em que o portador desse aparelho se distancia das zonas permitidas, ou ainda, do momento em que ele tenta se livrar do equipamento. Proposto aos delinqüentes em liberdade condicional, esse sistema de *carceragem eletrônica* deveria enfim permitir a reforma das prisões, a substituição das celas pela caixa-preta ou do encarceramento pela exposição da vida cotidiana.

Em 1974, com o agravamento da crise do petróleo, essa desrealização alcançaria proporções fantásticas a partir do advento dos *simuladores militares.* Com efeito, dez anos antes, o velho "home trainer" cedia lugar aos simuladores de vôo e, sobretudo, aos simuladores de combate. A geração sintética de imagens "à luz do dia" permitia, enfim, o treinamento dos pilotos para que efetuassem *continuamente* as missões, inclusive as fases habituais de navegação, penetração e ataque.

Desde então, não se tratava mais apenas de aprender a pilotar por instrumentos, mas de aprender a pilotar imagens de um realismo impressionante, encenação da guerra que, anos

196 • Guerra e cinema

mais tarde, resultaria em um fenômeno que passou desperce-
bido: *a equivalência reconhecida entre o tempo do simulador e o
tempo do vôo real...* A partir do momento em que conhecemos
a severidade do treinamento dos pilotos, compreende-se melhor a importância de uma tal decisão.

Hoje, as cabines de simulação encontram-se ainda mais
aperfeiçoadas e existem até mesmo os "simuladores de combate giratórios" (dogflight), que associam duas cabines esféri-
cas para simular o combate entre dois aviões inimigos... É
necessário observar aqui que há muito a simulação se esten-
deu às três armas. A Sperry Corporation, um dos maiores
fabricantes desse tipo de material, ao lado da Thompson, produz tanto para as divisões blindadas e para a marinha quanto
para a força aérea. Aliás, no contexto de não-agressão direta
entre Leste e Oeste, fruto da estratégia nuclear da dissuasão,
também as manobras militares assumiram progressivamente
o aspecto de grandes jogos eletrônicos, *kriegspiel* que necessi-
ta de territórios inteiros para reconstituir os diferentes procedimentos e materiais do combate moderno.

Especialmente construído no deserto de Nevada, o polígono
de exercícios "Red Flag" representa a amostra típica de um ambiente
hostil soviético. Equipados com mísseis "terra-ar" verdadeiros e
foguetes de defesa aérea com radar (despojos de guerra dos israelenses ou fornecidos pelos egípcios), esses materiais permitem recriar *um ambiente eletrônico perfeitamente realista*, com emissões de
radar, tiros, radiocomunicações etc., que as tripulações norte-americanas procuram reconhecer e depois neutralizar. Os destacamentos
aéreos envolvidos nesse tipo de exercício compreendem, além de
um avião AWACS (Airborne Warning and Control Squadron),
uma torre de controle aéreo, um Agressor Squadron, sempre equipados com recursos de características semelhantes às dos Mig 21 e
Mig 23 soviéticos. No deserto de Mojave, na Califórnia, realizam-
se operações semelhantes, em que o "National Training Center"

do exército simula a guerra em dimensões reais... Graças ao "Miles" (Multiple Integrated Laser Engagement System), as armas dos combatentes dos dois campos projetam raios laser e infravermelhos de alcance e trajetória semelhantes aos das armas reais. Os diferentes alvos, equipados com placas de silício, são ligados a *caixas-pretas*; os soldados e seus equipamentos também carregam essas placas nas superfícies mais vulneráveis; quando um raio laser toca uma dessas placas sensíveis, o microprocessador da *caixa-preta* calcula o impacto e indica o resultado ao quartel-general, que avalia o placar. Numerosos artifícios e efeitos especiais completam o quadro... No mesmo tipo de raciocínio, valerá citar ainda o Tactical Mapping System, videodisco produzido pela Agência para ser utilizado nos projetos de pesquisas avançadas da defesa dos Estados Unidos, que permite observar *continuamente* a cidade de Aspen, acelerando ou retardando a seqüência de 54 mil imagens, modificando a direção ou a estação como se troca o canal de uma televisão, *transformando a pequena cidade do Colorado em uma espécie de túnel balístico* para os pilotos de tanques, que utilizam esse procedimento para se exercitar nos combates de rua... Não nos esqueçamos de que a câmera Dykstraflex, dotada de um computador que registra seu próprio movimento, criada por John Dykstra para o filme *Star Wars*, descende diretamente de um sistema destinado ao treinamento de pilotos de avião.

Nessa mesma ordem de "recaídas" tecnológicas, valerá ainda lembrar a câmera Spaace, sistema de rastreamento automático aplicado ao cinema, criado por dois franceses, o qual utiliza como base a plataforma de um radar de rastreamento antiaéreo. Esse novo tipo de câmera permite acompanhar sem esforço os movimentos espontâneos dos atores. Dotada de uma potente teleobjetiva, a Spaace pode enquadrar o rosto de um piloto de jato realizando uma acrobacia em baixa altitude, sem jamais perdê-lo de vista... De fato, a crise de energia tornou rentável a indústria da simulação: no final dos anos 1970, viríamos a assistir a um delírio tecnológico crescente, delírio que desembocará, afinal, na automação da máquina de guerra.

A complexidade das manobras, a velocidade cada vez maior, o trabalho conjunto com os satélites e a obrigação, durante os ataques terrestres, de voar em velocidade supersônica, mesmo em altitude muito baixa, levaram os construtores a automatizar a pilotagem. A bordo de um F 16, "AFT 1", desenvolvido por Robert Swortzel, o piloto tem a opção de, uma vez acionada a seqüência automática, não tocar nos comandos e *dirigir o avião por sua própria voz*. Em contrapartida, a máquina informa por uma tela interposta seu "plano de vôo", seu "plano de tiro", e afixa no campo de visão do piloto, em transparências, a aceleração prevista e a contagem regressiva para o tiro ser disparado, assim como o tipo de manobras que o avião efetuará. Para o tiro, o piloto dispõe de um capacete munido de uma mira, que por sua vez é ligada a um sistema de visibilização laser e infravermelho: *basta fixar o alvo e ordenar oralmente o disparo das armas...* Esse equipamento revolucionário, concebido em 1982 pela Força Aérea norte-americana em conjunto com a Marinha e a Nasa, combina diversos tipos de tecnologia de ponta, principalmente no que se refere à mira a laser: o Eye-Tracked, sistema de sincronização que fixa o olhar do piloto, seja qual for o movimento brusco de seus olhos, de tal modo que, no momento em que essa acomodação binocular é feita, o tiro possa ser disparado...

Nessa mesma linhagem de equipamentos, podemos citar ainda a "imagem Homing", que consiste no acoplamento entre um raio infravermelho e uma carga explosiva munida de um dispositivo específico. O dispositivo funciona como um olho que capta a imagem do objeto iluminado pelo infravermelho, fazendo com que o explosivo se dirija para essa imagem e, portanto, contra o alvo a ser destruído, com a mesma facilidade com que entramos em nossas próprias casas (Homing).

Esse sistema, presente nos mísseis mais recentes, ilustra mais uma vez a confusão fatal entre o olho e a arma.

Compreende-se melhor, então, a vontade das duas partes em desenvolver armas que sejam tão indetectáveis quanto um submarino submerso. Aviões e mísseis Stealth, invisíveis não somente aos olhares humanos, mas sobretudo aos olhares atentos e infalíveis da técnica. Na década de 1980, a geoestratégia experimenta uma reviravolta, uma conversão significativa, pois o enfrentamento Leste-Oeste transfere-se para o eixo Norte-Sul. Golfo Pérsico, África, Oceano Índico: apesar da tensão no Oriente Médio e Próximo e da questão dos euromísseis, o espaço militar desloca-se e organiza-se em torno dos oceanos, nas ilhas do Pacífico e do Atlântico Sul. Conhecemos bem as conseqüências desse movimento: "a guerra das Malvinas", ensaio geral de um conflito atômico que utiliza tanto os satélites norte-americanos e soviéticos quanto os submarinos nucleares britânicos e os mísseis franceses, capazes de eliminar os navios de superfície facilmente identificáveis; mas nesse conflito são igualmente utilizadas as contramedidas eletrônicas, os disfarces de *efeito centróide*, que consistem em sobrepor à imagem do radar – ótica ou infravermelha –, que vê o míssil, uma imagem inteiramente criada pelo disfarce, imagem mais importante e atraente do que a imagem real da embarcação visada, mas ainda assim verossímil para o míssil inimigo. Logo depois que essa primeira fase é concluída, o autocomando do míssil se instala sobre *o baricentro do conjunto "imagem disfarce"–"imagem embarcação"*, e nada mais resta se não conduzir o míssil para longe do navio, explorando da melhor maneira possível o espectro do disfarce e afastando-o da embarcação, tudo isso em frações de segundo.

Não terminaríamos mais de enumerar as armas, a *panóplia da guerra-luz,* a estética do campo de batalha eletrônico, a utilização militar de um espaço que, afinal, foi conquistado pela imagem: imagem eletrônica da teledetecção, imagem sintética da cartografia automática dos satélites cobrindo a superfície dos continentes em seus incessantes passeios; filmes de tamanho natural em que o dia da velocidade das tomadas sucede ao dia do tempo astronômico, dia subliminar de uma transparência incomparável, em que a técnica expõe enfim o mundo inteiro.

Verão de 1982, operação "Paz na Galiléia", guerra preventiva contra o Líbano; Israel utiliza todos os recursos do arsenal científico: Grumman "Hawkeye", avião radar capaz de detectar 250 alvos simultaneamente para os caça-bombardeiros F 15 e F 16, mas sobretudo uso sistemático e maciço, pela primeira vez na história das batalhas, de autômatos teleguiados "Scout" de menos de dois metros de envergadura, joguete miniaturizado digno das "Abelhas de vidro" da ficção de Ernst Jünger, olho de Tsahal equipado com câmeras de TV e sistemas de produção térmica de imagens sobrevoando Beirute sitiada, próximo aos telhados e aos bairros palestinos mais expostos, exibindo nos painéis de controle dos analistas israelenses, a mais de cem quilômetros de distância, a imagem dos deslocamentos das populações ou o gráfico térmico dos veículos palestinos...

Outono de 1982: os Estados Unidos instalam um alto comando militar do espaço e anunciam o lançamento próximo de um *satélite de alerta avançado*.

Primavera de 1983: exatamente no dia 23 de março, o presidente Reagan anuncia a instalação de um sistema balístico antimíssil baseado em energia de fusão, arma de radiação intensa, armamento de feixe dirigido, canhão de partículas carregadas.

5 de julho de 1983: um avião norte-americano KC 135, equipado com um dispositivo laser, abate em pleno vôo um míssil Sidewinder que se deslocava a mais de três mil quilômetros por hora.

1984: Scan Freeze, imagem paralisada.

Paul Virilio
31 de agosto de 1983

Fotografia da Terra transmitida telefotograficamente em framelets pelo satélite espacial Lunar Orbiter, 8 de agosto de 1967.

CRÉDITOS DAS IMAGENS

La Recherche, Paris, 1983: foto 1.

Imperial War Museum: fotos 2, 3 e 7.

Roy M. Stanley, *World War II: Photo intelligence* (Nova York, Scribner, 1981): fotos 5, 6, 12, 16, 26, 27, 28, 29, 30, 31, 32, 33, 34, 35, 36, 37, 38, 39, 40 e 41.

Nueva Forma, Madri, 1973: foto 14.

L'Histoire en image, Cercle Européen du Livre: foto 17.

Edward J. Steichen, *American aerial photography at the front* (U.S. Air Service, 1919): foto 8.

Signal, 1941, foto 18.

After the battle, nº 41, 1983: fotos 42 e 44.

Chaz Bowyer, *Path finders at war* (Londres, Ian Allan, 1977): fotos 23, 24 e 25.

Keith Mallory and Arvid Ottar, *Architecture of aggression* (Londres, Architectural Press, 1973): fotos 19, 20 e 22.

David Shermer, *La grande guerre* (Londres, Octopus Book, 1973): fotos 4 e 9.

Cine MBXA, Ciné Doc, 1983: foto 11.

René Chambe, *Histoire de l'aviation* (Paris, Flammarion, 1972): foto 15.

Cosmos Encyclopédie, nº 2, 1970: foto 47.

Daidalos, nº 3: foto 43.

Noble Frankland, *Bomber offensive* (Londres, Purnell's, 1969): foto 21.

Culture Technique, nº 10, 1983: fotos 13 e 45.

OBRAS DO AUTOR

Bunker Archéologie: étude sur l'espace militaire européen de la Seconde Guerre mondiale (Paris, Centre de Création Industrielle, 1975).

L'Insécurité du territoire: essai sur la géopolitique contemporaine (Paris, Stock, 1976).

Vitesse et Politique: essai de dromologie (Paris, Galilée, 1977). Edição brasileira: *Velocidade e política* (São Paulo, Estação Liberdade, 1996).

Défense populaire et luttes écologiques (Paris, Galilée, 1978).

Fahren, Fahren, Fahren... (Berlin, Merve, 1978).

Esthétique de la disparition: essai sur le cinématisme (Paris, Balland, 1980).

Pure war (Nova York, Foreign Agents Series, 1983). Edição brasileira: *Guerra pura: a militarização do cotidiano* (São Paulo, Brasiliense, 1984).

Guerre et cinéma: logistique de la perception (Paris, Cahiers du Cinéma, 1984).

L'espace critique: essai sur l'urbanisme et les nouvelles technologies (Paris, Christian Bourgois, 1984). Edição brasileira: *O espaço crítico e as perspectivas do tempo real* (São Paulo, Editora 34, 1993).

L'Horizon négatif: essai de dromoscopie (Paris, Galilée, 1985).

La machine de vision: essai sur les nouvelles techniques de représentation (Paris, Galilée, 1988). Edição brasileira: *A máquina de visão* (Rio de Janeiro, José Olympio, 1994).

L'Inertie polaire: essai sur le contrôle d'environnement (Paris, Christian Bourgois, 1990).

L'Ecran du désert: chronique de guerre (Paris, Galilée, 1991).

On paysage d'évènements (Paris, Galilée, 1991).

L'art du moteur (Paris, Galilée, 1993). Edição brasileira: *A arte do motor* (São Paulo, Estação Liberdade, 1996).

L'insécurité du territoire (Paris, Galilée, 1993).

Cybermonde, la politique du pire (Paris, Textuel, 1996).

La bombe informatique (Paris, Galilée, 1998) Edição brasileira: *A bomba informática* (São Paulo, Estação Liberdade, 1999).

Stratégie de la déception (Paris, Galilée, 2000). Edição brasileira: *Estratégia da decepção* (São Paulo, Estação Liberdade, 2000).

Ce qui arrive (Paris, Galilée, 2002).

Ville panique - Ailleurs commence ici (Paris, Galilée, 2004).

Este livro foi composto em Adobe Garamond 12/15
e impresso na gráfica Bartira em papel pólen soft 80 g/m²
para a Boitempo Editorial, em novembro de 2005,
com tiragem de 3 mil exemplares.